U0005335

圖解台灣
TAIWAN

圖解台灣
TAIWAN

台灣百年鐵道縮影

謝明勳、童振彊、古庭維等撰文

高雄市立歷史博物館策畫
晨星出版

高雄港都的城市新亮點

高雄市長

　　綜觀高雄近百年城市意象，由漁村、糖鹽、工業都市，逐漸轉變為文創港都，「哈瑪星」與鐵道一直扮演著舉足輕重的角色。前身為潟湖的打狗港，為首先發展的交通要港。清朝、日治時期興築鐵道，串連至打狗港，使其躍升為鐵道重要驛站，擔負起高雄海陸聯運的重責大任。其濱線（哈瑪星）也因打狗築港，成為高雄港都城市發展的起點。因著其區位之重要性，「哈瑪星台灣鐵道館」選擇設立於駁二藝術特區蓬萊倉庫群，緊聯哈瑪星鐵道園區、鐵道故事館（打狗驛）等歷史場域，更因哈瑪星特殊聚落文化，成為結合文創與鐵道歷史的高雄城市新亮點。

　　《哈瑪星台灣鐵道館：台灣百年鐵道縮影》一書，邀請知名鐵道研究專家謝明勳、童振疆、古庭維等撰寫歷史導論，帶領讀者以哈瑪星與臨港線為起點，認識港都的聚落發展、台灣產業與鐵道發展歷程、火車站建築、鐵道旅行與台灣車輛演進歷程等，進一步解讀台灣百年鐵道歷史。最精彩之處是，本書完整收錄「哈瑪星台灣鐵道館」10大區域近250處的經典場景，以歷史與場

景對照方式，帶讀者穿梭百年時空，身歷其境，而30餘款火車模型與車輛圖鑑，更滿足鐵道迷的渴望，展現台灣百年來最經典的車輛。

　　藉由《哈瑪星台灣鐵道館：台灣百年鐵道縮影》一書出版，我期許能讓更多台灣讀者進一步認識「哈瑪星台灣鐵道館」，藉由親自來館參觀，感受車輛急速穿越百年時空隧道、運行於台灣縱貫鐵道及糖鹽林礦等8種鐵道的有趣畫面，知性與趣味並具地享受台灣百年鐵道穿梭之旅。此外，謹以此書，感謝所有投入建館的工作夥伴，有各位精心地規畫與執行，才得以讓哈瑪星的鐵道歷史得以重現在市民面前，讓高雄港都的重要價值再次彰顯。

重現台灣百年鐵道榮景

高雄市政府文化局局長
Aaron Yin.

　　百年前，台灣總督府為發展海陸聯運，規畫於台灣南北兩端興建港埠，興築南北縱貫鐵道，並於縱貫鐵道南端起點設置「臨時打狗停車場」，作為海陸轉運平台，「打狗驛」因而成為高雄第一個火車站。且因打狗驛的設置，帶動日後打狗築港、填海造陸，以淤泥填築出七萬坪海埔新生地湊町（哈瑪星），為港都高雄都市發展奠定深厚根基。

　　「哈瑪星」為日文「濱線（はません）」的語音轉借而來，「濱線」原是日治時期縱貫鐵路最南端緊鄰港埠，用以接駁碼頭倉庫貨物的鐵路支線。後因「哈瑪星」地方產業經濟興起及特殊聚落發展，「哈瑪星」不再只是地方名詞，更代表著從漁鹽、製糖、工業到出口貿易變遷歷程的珍貴城市資產，對港都高雄具有不可取代的時代意涵。

　　高雄市政府文化局為完整保留並呈現哈瑪星的獨特歷史意涵，特於2014年4月委請高雄市立歷史博物館著手策畫「哈瑪星台灣鐵道館」，期望館方就地運用蓬萊園區舊倉庫空間，結合外部鐵道園區，透過鐵道和歷史空

間的結合與再現，重現台灣百年鐵道榮景。

　　歷經2年3個月的策畫、設計、架設、布置，2016年6月全亞洲最大的鐵道場景及模型動態展演「哈瑪星台灣鐵道館」正式開館。高雄市立歷史博物館串連蓬萊B7及B8倉庫，建構B8倉庫為鐵道歷史展示解說區，運用大量互動式裝置說明鐵道歷史發展演進與車輛動力原理；B7倉庫則規畫為10大展區，以台灣經典250個場景、南北縱貫線4大主線及及糖鹽林礦等8種鐵道，以及30餘種經典車輛交織穿梭，並結合劇場聲光效果展演，完整呈現台灣鐵道百年文明發展軌跡。

　　高雄市政府文化局期盼藉由「哈瑪星台灣鐵道館」的成立，串連百年鐵道園區、打狗鐵道故事館，以及有著哈瑪星濃厚歷史的駁二特區，建構成為兼具鐵道歷史、文化、教育及創意產業為核心的鐵道博物園區，共同為台灣鐵道文化的保存與推展盡一份心力。

亞洲最大HO規場景模型的「哈瑪星台灣鐵道館」

高雄市立歷史博物館館長　楊仙妃

「哈瑪星台灣鐵道館」坐落於駁二藝術特區蓬萊倉庫群，原為高雄港駁二碼頭旁閒置倉庫，緊鄰於「打狗鐵道故事館」（前身為高雄港站）旁，高雄港站曾是高雄第一個火車站，亦是縱貫鐵路南端的起點，南台灣現代化文明的發源地，其館坐落之位置在歷史上別具意義。

本館於2014年4月著手策畫「哈瑪星台灣鐵道館」，歷經半年文獻史料的蒐集、田野調查、實地測繪及參訪研究國內外知名鐵道館後，決定以台灣縱貫線與產業鐵道之百年發展歷程為展示核心，並希望於此重要歷史場域中，以該館呈現其鐵道網絡所串聯之人文風景，彰顯台灣獨特之鐵道文化意涵。

「哈瑪星台灣鐵道館」展場以變形蟲式展檯為設計基礎，藉此增加展演面積與模型軌道長度，場景配置則以台灣南北縱貫鐵道為主軸線，另輔以糖鹽林礦等8種鐵道，將地理區域由南至北重新配置，跨越時空隔閡，歷時自1940年代迄今，並精細地模擬各鐵道沿線人文、產業發展軌跡與經典景緻。

針對館內之動態模型車輛與場景模型，本館展示人

員更嚴謹詳實地呈現鐵道車輛的演進歷程，精選各時代經典客貨列車逾30組，循環運行於特定路線；模型規格不懼艱難地採用HO（1：80）規格，希冀以更大比例表現模型場景的精微之處，此外，為提供觀眾更擬真之觀賞體驗，全館規畫以劇場式之聲光變化，創造更豐富多元的展演效果。

　　「哈瑪星台灣鐵道館」製作工時逾10,950小時，動員300多人次，場景範圍逾百坪，軌道總長度超過2公里，運行路線涵蓋南北縱貫線等4大主線及糖鹽林礦等8種鐵道，多款車輛穿梭於高達250處經典場景間，帶領民眾跨越時空，環島遊歷全台大城小鎮。除此，館內首檔特展更展出日本橫濱原鐵道博物館經典模型藏品，不僅讓來訪遊客透過館內多元且精細的展演，了解台灣鐵道歷史的軌跡，更希望能以此展演平台，帶入世界各地鐵道歷史之精華，提供市民透過「哈瑪星台灣鐵道館」認識世界各地之鐵道歷史與文化。

悠遊台灣鐵道時空的新體驗

鐵道研究者·國立台灣師範大學地理學系教授 洪致文

火車的出現，帶動了人們對於時間與空間上極大的改變。火車的本身，為了追求速度上的提升，有著許多新科技的導入，因而讓動力從蒸汽機、內燃機到電力火車，近年甚至演進至高速鐵路或磁浮列車。這些改變，都是科技史上劃時代的突破，也影響了人們的生活。

台灣的鐵路歷史，開啟於大清統治的時代。日本在1895年領有台灣後，則開始島內鐵道的大規模建設。這其中，縱貫鐵道的興建最為重要。因為日本殖民政府意識到，縱貫鐵道的建設，是台灣統治上的一大要務，因此不惜鉅資投入興建。在經過了將近十年的施工歲月，基隆到高雄的全線終於在1908年完工通車。縱貫鐵道的完成，使得台灣南北不再遙遠，島內一體意識逐漸形成。對於當時必須南北行走的旅人，再也不需辛苦地跋涉跨過數條大河，或者沿著西部海岸水路而行；南北的貨運，也可以利用鐵路輸送，讓島內的物資獲得更佳的重新分配。南北一氣通的縱貫鐵路，儘管全程走完要10多小時，但能讓行旅在一日之內由北到南或由南到北移動，還是有空前莫大的突破。

而在將近一個世紀後台灣高鐵的完工通車，則更進一步讓北高行駛時間縮短到90分鐘上下，台灣島內的時空距離更加縮短。那種咻地一聲就可以跑到中南部玩，又或者呼嘯狂奔馬上到台北的快速移動經驗，是台灣民眾開始能夠品嚐的生活體驗與生活形態。

不管是什麼年代，從搭著古老的蒸汽機車牽引列車緩慢爬行，還是如今飛快的台灣高鐵列車，它們都會在台灣這座島上，帶著大家南來北往旅行，而經過的城鎮美景，鄉土特色，也都從列車的呼嘯中，宛如電影畫面般地一一交替上演。

我想，從小生長在台灣的人，想必都有這樣值得回憶的鐵道記憶。我們的美麗寶島，曾是一個處處有火車、遍地有鐵路的「鐵道王國」。鐵道與你我，早已在生活中融為一體，甚至早就變成本土文化的一部份。

庶民記憶中的「鐵支路印象」，無論是原野上奔馳的黑頭仔、蔗園間穿梭的甜蜜五分仔車、還是氣勢磅礡的白鐵仔光華號，全是許多人生命中無法忘卻的記憶。我們的鐵道文化，就是這樣深深烙印在每個人心中而漸漸形成，逐漸變為你我共同的回憶。

這樣的鐵道記憶，有的已經消失，有的仍然存在。位於高雄駁二特區的「哈瑪星台灣鐵道館」，運用精細的模型，具體而微地呈現了這樣的台灣鐵道印象，讓民眾能夠從模型的世界裡，悠遊於台灣的鐵道時空中。而這本《哈瑪星台灣鐵道館：台灣百年鐵道縮影》書，則更進一步地補充模型以外的台灣鐵道發展與文化歷史背景。透過文字與圖片的說明，加上模型的擬真展現，開啟了有興趣民眾走向真實台灣鐵道世界的大門。這就好像搭乘一列疾駛的火車，鑽入了一個神祕的山洞後，當你鑽出時，曠宇天開一氣通的全新感受，將引領你走向一個真實豐富的台灣鐵道王國。

高雄港驛・高雄港扇形車庫・南、北號誌樓・哈瑪星聚落・高雄港・
高雄港岸壁倉庫・臨港線・高雄市役所（今高雄市立歷史博物館）・
苓雅寮大橋（今愛河舊鐵橋）・玫瑰聖母聖殿主教座堂・
高雄新驛（今高雄車站）・鳳山縣舊城、春秋閣・高雄捷運・環狀輕軌線

第一篇
台灣百年鐵道歷史

高雄
臨港線與
蓬萊倉庫

圖文／謝明勳

1989年高雄港站路線群和蓬萊倉庫，後方可見
跨越鐵路通往香蕉棚的陸橋。（謝明勳攝）

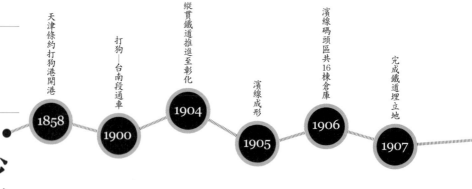

砂糖輸出港

1858 天津條約打狗港開港

1900 打狗—台南段通車

1904 縱貫鐵道推進至彰化

1905 濱線成形

1906 濱線碼頭區共16棟倉庫

1907 完成鐵道埋立地

高雄原名打狗，本來是個小漁村，一直到1858年天津條約開港後，才成為和世界貿易連結的國際性港口。

1895年日本開始統治台灣，便著手建造從基隆港連接至打狗港的「縱貫鐵道」。隨著1900年底打狗一台南段通車，打狗停車場正式開始營運，1902年延伸到嘉義，1903年推進到斗六，1904年抵達彰化，新建的製糖工場所生產的砂糖，得以藉由鐵道送至打狗港，再裝船運至日本銷售。

隨著製糖工場陸續開工生產，大量砂糖與中南部農產品匯集至打狗港，使得鐵道貨運量日漸走高，在打狗山下與後壁港河道間侷促修建的臨時打狗停車場，很快就面臨作業設備及腹地不足，距離港邊碼頭太遠，轉運不便的窘境。

因打狗停車場必須擴建，於是，總督府決定在打狗港的西北側，填埋海埔新生地，一來可以疏浚港灣航道，二來此海埔新生地也可以作為打狗停車場的遷建基地。由此段歷史，我們可以推定「先有鐵道，才有打狗築港」；或是「因擴建打狗停車場才有築港工事」。

打狗築港工事，以鏈斗唧筒式挖泥船挖出海底泥

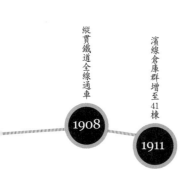

以人力將砂糖從倉庫搬上火車的傳統裝卸方式。

砂，填築於港灣西北側，並整理港口航道、整建新碼頭。

　　1905年12月，哈瑪星南邊的鐵道埋立地陸續完成，鐵道路線也從臨時打狗停車場往南延伸，再轉向西行，「濱線」於此時初次成形。1907年5月完成了3萬8千餘坪的「鐵道埋立地」，供作打狗停車場南遷擴建之用，並著手打狗停車場南遷工程。

　　1906年當時的濱線碼頭區，附有鐵道部倉庫5棟（3棟由商船會社使用，2棟給製糖會社使用），此外另有南船會社3棟、郵船代理店2棟、德記商會2棟、西澤社外船1棟、艀船倉庫會社1棟、野田運送店1棟、丸台運送店1棟，每棟倉庫約百坪，可以存放米糖7千袋，16棟倉庫共可容約10萬餘袋。

　　到了1911年，濱線倉庫群已經增至41棟，分別由台灣製糖、大阪商船、三井物產、鹽水港製糖、北港製糖、明治製糖、新高製糖、林本源製糖、永興製糖、名川商店、日東商船組所有，從岸壁到後方道路，大致分成5排，每排倉庫之間均有濱線鐵道穿越其中，可供米糖從貨車卸下，直接裝入倉庫，因此路線分為4組，每組有

濱線碼頭是打狗港最早的岸壁，倉庫後面是濱線貨物停車場，工人正搬運砂糖到台灣製糖會社
的汽船上。（林志明提供）

2股或1股，以便靈活調度，加快裝卸速度。

　　觀察20世紀第一個10年間打狗港的移輸出入金額統計，可以發現隨著鐵道逐段通車營運，打狗港的輸出入金額也跟著快速成長，1908年縱貫鐵道全通之後，更是以倍數激增。而且打狗港以輸出南部地區的糖、米為主，輸出量遠大於輸入量，和基隆港以輸入日本及廈門高價商品為主的型態明顯不同。可以說，高雄港的前身打狗港，就是為了輸出台灣砂糖而存在的新興港口。

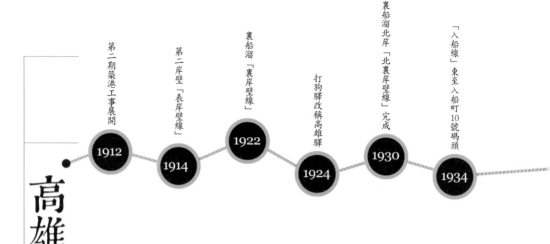

1912	第二期築港工事展開
1914	第二岸壁「表岸壁線」
1922	裏船溜「裏岸壁線」
1924	打狗驛改稱高雄驛
1930	裏船溜北岸「北裏岸壁線」完成
1934	「入船線」東至入船町10號碼頭

高雄臨港線

　　濱線可說是區域性的路線，專指打狗停車場附屬延伸的一段碼頭鐵道，不過卻因為界定了碼頭後方新填築的7萬坪埋立地，當地人將濱線Hamasen，轉音為Hamaseng，再以漢字表記「哈瑪星」，來統稱這一塊由海埔新生地所發展而成的新市街，意外成為在全台灣享有高知名度的地名。

　　1906~1909年間，「台灣地所建物株式會社」利用港底疏浚泥砂，在鐵道用地西北方接壤處填築8萬坪土地，除於岸邊建造倉庫外，其他地方均作為市街用地。

　　隨著大量工商業及新住民遷入哈瑪星地區，此區快速飽和，於是1912年3月公告「打狗市區改正擴大計畫」。這次的擴大計畫，以哈瑪星為起點，向東擴張，把都市計畫範圍延伸到鹽埕，以打狗川為新市街的東界。

　　配合這項都市計畫，築港與市區改正再度結合，從1912年著手第二期築港工事，擴充內港設施，並利用從港底挖出來的泥砂，填築鹽埕一帶的漁塭和鹽田，到了1916年，已經填築出鹽埕町、堀江町、入船町、北野町、榮町等計23萬餘坪的海埔新生地，作為未來市區進

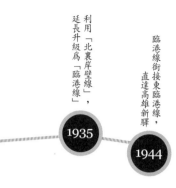

臨港線銜接東臨港線，
直達高雄新驛

利用「北裏岸壁線」，
延長升級為「臨港線」

1935

1944

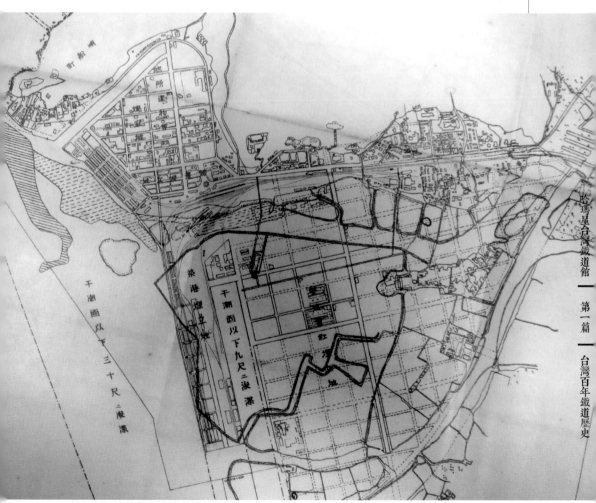

打狗築港工事計畫圖，藍色線條為鐵道。

轟炸過後，紅筆圈起來的高雄港驛幾乎被夷為平地。圈圈的右邊，可以看到蓬萊倉庫和陸橋。

1944年美軍測繪地圖，中央是高雄港驛和扇形機關庫，車站旁邊的黑色方塊是蓬萊倉庫群，臨港線從北邊通過。

戰爭時，高雄港驛被炸得體無完膚，可以看到幾棟蓬萊倉庫的屋頂已經不見了。

一步往東擴張發展的腹地。駁二倉庫所在的入船町就是在這個時候填築完成的。

第二期築港完成後，增加了「第二岸壁」，也就是現今的蓬萊商港區1~10號碼頭。岸壁全長增為4380尺，可供1萬噸級船舶10艘繫留。其中3600尺供米、糖以及雜貨專用，780尺供煤炭及木材專用，一年的米、糖及雜貨裝卸量可達75萬噸，煤炭及木材達90萬噸。

配合第二岸壁的啟用，1914年從打狗停車場B線南端拉出一條支線，向東繞過機關區，到第二岸壁區水岸第一排，稱為「表岸壁線」（意即前面碼頭線）。1922年配合「裏船溜」（意為後面的船溜，現在的第三船渠）啟用，再從打狗停車場A線北端拉出支線，到裏船溜南岸，稱為「裏岸壁線」。1930年裏船溜北岸的「北裏岸壁線」也完成了，這條路線穿過現在的駁二倉庫，後來成為臨港線本線的前段。1934年再往東延伸到入船町10號碼頭，稱為「入船線」。

沿著碼頭邊鋪設的路線，負責將出口物資從停車場構內運送到岸邊輪船，或是先送至倉庫儲存。縱貫鐵道這條幹線就像一條南北大動脈，來自西部各地的眾多貨物由火車運至終點打狗停車場，在構內進行分裝及列車編組，將一節一節的貨車廂，藉由像微血管一樣遍布碼頭的側線，拉到船邊裝卸，或者送入倉庫暫存。

依裝卸方式的不同，港區的鐵道側線，也分為碼頭前、中、後3

哈瑪星台灣鐵道館 ｜ 第一篇 ｜ 台灣百年鐵道歷史

CK58曾是高雄港站和臨港線的主力調車機。

種配置。鋪設在碼頭前方的鐵道3線，主要是與船舶之間的直接裝卸。至於與倉庫之間的轉運，則由碼頭中央，及碼頭後方鐵道擔任這項作業。

打狗驛1924年改稱高雄驛，往東擴散出去的A線群，從北往南，像扇子般地開展出11股來，由西往東分別是A線10股、9股、8股、7股、6股、5股、4股、3股、2股、1股、及連絡線。最東邊的連絡線，通往碼頭區的表岸壁線、中岸壁線（含三菱線）、裏岸壁線（含昭和產業線、三井線）、和北裏岸壁線（含台灣鐵工所線）。

如果以大都市的火車站分前、後站，前站面臨商業區，以旅客業務為主，後站以貨運為主來看，B線群可說是高雄驛的前站，A線群則是屬於後站，以貨物列車的裝卸調度為主。

高雄港之貨物吞吐量，一年約80至90萬噸，但每年有旺淡兩季，差異甚大，以 1921年為例，6月至11月半年之進倉量為94萬6千餘噸，而同年12月至翌年5月半年之進倉量為585萬8千餘噸，後者增加6倍之多，尤其遇到砂

糖上市季節，更是高雄港和高雄驛最繁忙的時候。

　　高雄港第二期築港工事於1930年代中期告一段落，鹽埕、苓雅寮一帶碼頭已略見規模。接下來準備再繼續往東南方向擴張，正好配合南進政策，前鎮、戲獅甲一帶指定為工業地帶，高雄市區改正計畫也向東擴張，並轉型為軍需工業都市，於是確定了高雄港臨港線計畫。

　　1936年都市計畫中的臨港線，起點在新遷建的高雄驛，出站之後與潮州線一起東行，過了現在的民族陸橋之後，右轉向南，沿著高雄市區的東邊，一路南行，終點在戲獅甲前鎮運河出海口附近，也就是當時設定的臨海工業地帶。雖然高雄港碼頭尚未延伸到這一帶，但是計畫作為工業區，同時也是陸軍倉庫，興建一條支線鐵道，接至高雄新驛和縱貫線，用來運送工業原料、產品、及軍事裝備，是1930年代南進政策下，高雄被設定為工業都市所必須的基礎建設。

　　1935年間，從高雄驛舊碼頭這邊，利用原來的「北裏岸壁線」，也就是現在的蓬萊B6、B7、B8、B9、B10倉庫北側這條路線，延長並升級為「臨港線」。

　　新鋪築的臨港線往東經過入船町，以及台灣鐵工所南側，為了跨越高雄川出海口，路線開始爬坡，並且應用「盤山展線」的概念，繞了一個Ω曲線，架設「苓雅寮大橋」跨越高雄川，經過現在的13號光榮碼頭，抵達苓雅寮車場。大東亞戰爭爆發後，臨港線更是加緊趕築，1943年前延長至日本鋁株式會社高雄工場北邊，也就是現在的高雄展覽館北邊新光大排。1944年底前銜接東臨港線，可以直達新的高雄驛，完成環繞高雄市區一大圈。

台糖租用6、7號碼頭前線倉庫

國民政府接管製糖工場，成立為台灣糖業公司

只能出口一千多噸糖

糖輸出達到90多萬噸的最高紀錄

台糖接管砂糖倉庫11棟

台糖改建B3～B10倉庫

1946　**1946**　**1946**　**1950**　**1953**　**1953**

　　戰後初期，一般工業尚未恢復正常生產，為了維持國民政府在台灣的財源，第一要務即是恢復糖廠生產，並且將台灣優質的砂糖運送到上海販賣換成現金。1946年5月國民政府接管日治時期大日本、台灣、明治、鹽水港等製糖會社所有的製糖工場，成立台灣糖業公司，下轄第一區分公司（原大日本製糖）、第二區分公司（原台灣製糖）、第三區分公司（原明治製糖）、第四區分公司（原鹽水港製糖）。

　　1946年是戰後復興開始恢復生產及出口的第一年，該年因為許多工廠未及恢復，只能出口一千多噸。1947年增為7萬多噸，1948年再增為30多萬噸，1953年終於達到90多萬噸的最高紀錄。當時砂糖輸出外匯收入為近8千萬美金，占當時政府外匯收入八成，是政府的金雞母。沿襲日治時期的輸出通路，仍以高雄港為砂糖最主要的輸出港，砂糖的運輸亦為1950年代高雄港站及臨港線鐵路最重要的業務。

　　戰後，船席和倉庫嚴重不足，1946年台糖向台灣銀行、招商局租用6、7號碼頭前線倉庫，作為外銷糖儲轉之用，1950年再接管台灣製糖會社砂糖倉庫11棟。

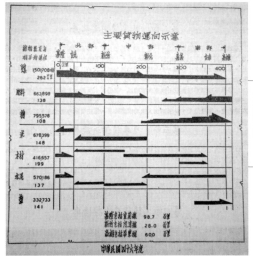

1973

1957年台灣鐵路主
要貨物運向，幾乎
所有的糖都由火車
運到高雄港出口。

台糖專用碼頭散裝糖裝卸情形。

高雄港站與台糖蓬萊倉庫的關係。下方的5間連棟倉庫是B6~B10，臨港線從右邊通過。（2005，Google Map）

　　為了增加可供大船停靠的碼頭，台糖改建苓雅寮大橋右岸的11、12號碼頭（即現今真愛碼頭）為水深7公尺的專用碼頭，不過由於愛河泥砂無法排洩，水深難以維持，最後放棄使用。將砂糖輸出基地改回蓬萊區及陸橋（七賢路底）西側，建造儲糖倉庫B3、B4、B5、B6、B7、B8、B9、B10，也就是現在「駁二小火車」環繞的「哈瑪星台灣鐵道館」等倉庫。

　　不過到了1960年代，高雄港吞吐量急遽成長，人工裝卸效率太低，造成碼頭倉庫一片擁擠，影響高雄港的營運甚大。於是當倉庫租期屆滿後，港務局以業務繁忙、倉位不足，要求台糖遷離蓬萊碼頭區。

　　台糖1971年開始在高雄港中島第46及47號碼頭，興建散裝專用碼頭和倉庫，並設碼頭鐵路和機械裝卸設備。1973年台糖中島碼頭完成，散裝糖改採自動進倉裝船，從糖廠生產、成品內陸運送、到碼頭裝倉，均為一貫作業。

　　從此，蓬萊舊港區的傳統裝卸作業方式，隨著時代進步的洪流，正式走入歷史。

↗1980年代的高雄港站。
→七賢三路末端，跨越高雄港站蓬萊區9條鐵路的陸橋，右邊是B6倉庫。（林柏璋攝）

B3
B4

B10

B7 B8 B9

1.遼闊的高雄港站場域。
2.從高雄海關眺望2號碼頭、2號倉庫，蓬萊倉庫在左邊。
3.哈瑪星小火車在蓬萊倉庫之間環繞行駛。

深澳線的客運停駛之後，由於深澳電廠燃煤需求，因此由瑞芳到深澳電廠的路線便繼續營運，也使得深澳線回歸貨運用途。（古庭維攝影）

台灣的產業鐵道

圖文／古庭維

　　世界上第一輛蒸汽機車誕生於英國，在煤礦場牽引貨車載運礦石，而台灣最早的軌道運輸出現在1870年代，也被運用在煤礦場之中。在鐵道演進的歷史中，先運貨，然後載人，是一貫的傳統脈絡。當人們漸漸開始以鐵道作為交通工具後，依乘客需求設計各種設備應運而生，而與傳統上依產業特性設計的鐵道逐漸有所區隔。例如19世紀中誕生於倫敦的地鐵，20世紀中誕生於日本的高鐵，都是純粹的客運鐵道。

　　所謂的產業鐵道，其實沒有嚴格定義，也不是法規用語，若顧名思義，就是運輸某項產業中各種原料、廢料、成品的鐵道。台灣的地理位置得天獨厚，平原地區適合種植甘蔗製糖，濱海地帶可以晒鹽，多雲霧的高山地帶擁有世界驚嘆的檜木森林，淺山地區則蘊藏各種礦石。這些天然資源的開發，以及其他重工業、輕工業、軍事需求，都相當仰賴借助鐵道的運輸能力。小小的台灣島，因此擁有各式各樣的產業鐵道，這些路線分布的規模不一，甚至採用不同軌距，有些是我們所熟悉的「台鐵」的一部分，但由於不是客運鐵道，既神祕又在地的獨特風格，常讓巧遇這些奇怪火車的人們感到好奇。

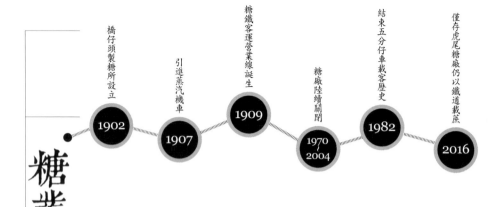

橋仔頭製糖所設立 1902

引進蒸汽機車 1907

糖鐵客運營業線誕生 1909

糖廠陸續關閉 1970～2004

結束五分仔車載客歷史 1982

僅存虎尾糖廠仍以鐵道載蔗 2016

糖業鐵道

　　台灣第一座「新式糖廠」是橋仔頭製糖所，也就是後來的高雄糖廠，1902年設立的時候，打狗到台南間的鐵道已經通車，橋頭距離打狗港不遠，除了有利於輸出砂糖，一方面也方便資材、設備由打狗港上岸。糖廠開始生產後，需要大量的原料，傳統牛車趕不上現代化生產線的效率，為了維持產能，鐵道成為當時的唯一選項。不過，採用鐵道載運甘蔗的初期，仍以人力或水牛當做動力，直到赴夏威夷考察後才於1907年起引進蒸汽機車。

　　糖業鐵道貫用762mm軌距，俗稱「五分仔車」，與台鐵1067mm軌距不同，但糖廠與台鐵車站間的聯絡路線，大多以「三線併用」的方式，讓台鐵火車也能行駛其上。這種兼具兩種軌距的「套軌」（dual gauge）從橋頭開始，推展到縱貫線及屏東線鐵道上的其他糖廠，成為聯外運輸的基本配備。除了西部幹線沿途，台灣東半部的宜蘭、花蓮、台東也有糖廠設立，同樣也興建許多鐵道路線。

　　糖鐵的舖設大致可分成三種型態。數量最多、規模最大，並且勾勒台灣人糖鐵印象的是「原料線」，也就

兼具兩種軌距的「三線併用」式鐵道。

是載運甘蔗的路線；此類路線以糖廠為中心，向附近的農場或原料區輻射發散，火車頭將糖廠內的空車牽引至沿線裝車場（蔗埕），再將已裝滿甘蔗的重車拖回糖廠，運作邏輯非常簡單。第二種路線是「聯絡線」，從糖廠載運糖包到台鐵車站，距離短的如橋頭、永康、南靖、大林等地，糖廠就在車站外；距離長的如溪湖至員林、虎尾至斗南、麻豆至隆田、旗山至九曲堂等等。第三種路線是「廠際線」，也就是串連不同糖廠的鐵道。事實上，日治時期由於製糖會社百家爭鳴，彼此競爭，通常只有自家的糖廠才有廠際路線，可在必要時刻調撥原料。二戰後製糖會社被接收改為台糖公司，打破會社間的藩籬，同時由於政府的戰備需求，惟恐台鐵縱貫線在戰時遭到攻擊破壞，因此挑選台中至屏東間適宜的原料線，予以串連、整修，成為「南北平行預備線」，也就是糖業鐵道的縱貫線，全長有275公里之長。

　　南北平行預備線終究沒有發揮戰備用途，不過卻讓糖廠的各種產品得以南來北往。例如壓榨甘蔗所產生的蔗渣，即可藉由這條縱貫線運抵屏東紙廠，而製糖所產生的副產品，同時也是製造味精和酒精的原料糖蜜，則被運往新營副產品加工廠。外銷國外的砂糖，也能利用

虎尾糖廠是台灣最後一座以鐵道運輸甘蔗的糖廠。

這條南北平行預備線，運到它的終點，位在高雄籬仔內的台糖高雄站，再轉往高雄港碼頭裝船。除了甘蔗、糖蜜、蔗渣、糖包之外，製糖需要的石灰石、產生的的廢棄濾泥，也都是火車載運的物品。

由於糖業興盛，糖廠周邊開始發展，因此也產生交通需求，第一條糖鐵客運營業線1909年5月在鹽水新營間誕生。鼎盛時期的糖業鐵道，總長度超過3000公里，規模遠大於台鐵局的路線，不過就在糖業開始走下坡，同時國民所得提高，公路網絡日趨完善之後，糖業鐵道不論營業線、原料線皆快速瓦解。

1980年前後，旗尾線（美濃、旗山至九曲堂）、隆田線（佳里、麻豆至隆田）、朴子線（朴子至嘉義）、嘉義線（北港、新港至嘉義）相繼停駛，結束五分仔車載客歷史。

從2001年至2004年間，新營、蒜頭、溪湖、仁德、南州、南靖、北港等糖廠陸續停閉或改用公路運輸，此後至今超過10年的時間，全台灣僅存虎尾糖廠仍以鐵道運送甘蔗，然而也只有10餘公里的長度而已。虎尾之外，目前僅有善化糖廠仍以甘蔗製糖，並運用鐵道車輛在廠內搬運糖包。即使已風光不在，糖業鐵道依然是台灣產業鐵道的最佳代表。

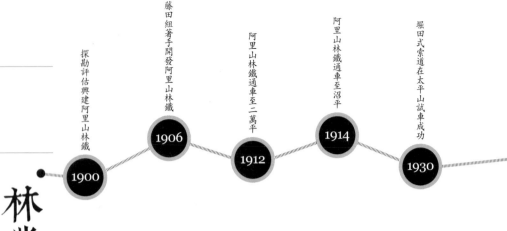

探勘評估興建阿里山林鐵
1900

藤田組著手開發阿里山林鐵
1906

阿里山林鐵通車至二萬平
1912

阿里山林鐵通車至沼平
1914

堀田式索道在太平山試車成功
1930

林業鐵道

　　高聳地勢配合氣候條件，使得台灣中高海拔地帶蘊藏數量驚人的檜木林。1895年日本治台後，便積極探索台灣山林地帶，除了很快就成功登上台灣最高峰玉山，也在這些探險活動中，發現阿里山的參天檜木。然而，如何將珍貴的林業資源，從海拔2000公尺左右的山地運到平地，似乎遠比伐木本身還要艱困！而這項工作，日本政府也在台灣花費20年時間來試驗。

　　阿里山是台灣第一座林場，早在1900年就探勘評估興建鐵道的可行性。1906年，由藤田組著手計畫開發，當時決定採用美國林業經驗，全程採用鐵道搬運，並選用762 mm軌距。雖然藤田組因資金不足而撤離，但總督府仍接手完成阿里山鐵道登山本線，於1912年通車至二萬平，兩年後通車至沼平，之後再以沼平為中心，在超過海拔2000公尺的山區發展林場鐵道。林場的行政中心也設立在沼平，並發展出伐木聚落，許多人離鄉背井在山上討生活。

　　從縱貫線嘉義站出發，鐵道一路盤山展線，以72公里完成超過海拔2200公尺的爬升。為了克服急彎陡坡，當時也由美國引進大批「Shay」蒸汽機車，除了北美洲

嵐山山地鐵道3號索道發送點遺址。

本身，此款機車輸出最多的地區就是台灣。如今，我們依然讚嘆阿里山鐵道的工程，鬼斧神工的螺旋形及之字形路線，以及Shay式機車有趣的齒輪機械，堪稱台灣最經典的土木建設史蹟之一。然而，過度冗長的搬運路線，直接影響運輸成本，對經營者而言，阿里山鐵道並非理想方案。

　　在阿里山鐵道工程進行的1910年，也是總督府執行「五年理蕃計畫」的年代，由於「蕃情」日趨穩定，台中八仙山和宜蘭太平山的檜木相繼被發現與開發。記取阿里山鐵道的教訓，當局在八仙山林場嘗試「伏地索道」，在高聳的山勢間修築斜坡軌道，車輛以鋼索及捲揚機牽引。不過斜坡道的工程浩大，運輸效率也不盡理想，太平山林場開發時改採用「架空索道」運材，能輕易克服高度落差，更能跨越深谷，對於台灣地形展現無比適應力。1930年，林業工程專家堀田蘇彌太成功改良索道機械與結構，並且在太平山的樫木平試車成功，從此更確立索道與鐵道接駁登山的模式。此後的新太平山、新八仙山，以及東部的太魯閣、木瓜山及林田山等林場，全都採用這樣的模式運材。

　　台灣的林業鐵道，除了部分沒有機械動力的台車軌道之外，幾乎全部採用762mm軌距。不論西部或東部，林業鐵道都以台鐵車站為起點，例如西部的嘉義、豐原，東部的羅東、田浦、平和與萬榮等站。

成功轉型客運與觀光的阿里山鐵道。

此外，糖業鐵道為了擴展原料運送範圍，也與平地段的林鐵有所銜接。台灣的伐木歷史在1980年代結束，最後的林業鐵道，嵐山及哈崙山地鐵道於1989年停駛。而最早開發的阿里山，早已是聞名遐邇的旅遊勝地，登山鐵道雖然失去運材的原始功能，卻因旅遊風氣而變身為客運路線運行至今。

位於糖鐵東太子宮車站附近的卸鹽台。

1919

1665

鹽業鐵道

台灣的晒鹽歷史起始於1665年，是一項歷史悠久的產業，「現代化」的新式製鹽則由1919年成立的台灣製鹽株式會社開始。鹽田與鹽山曾是西南沿海地區的代表風景，而穿梭其間的鐵道更增添產業風情。鹽業鐵道依功能可分為兩類，一種是在鹽灘間協助搬運的路線，通常為762mm 或610mm軌距，多數為輕便台車的形態；另一種則是聯外的鐵道路線，軌距為762mm，與糖業鐵道接軌。

台灣的鹽業鐵道印象在1952年定型。當時政府將鹽業由台灣製鹽總廠整併接收，成立鹿港、布袋、北門、台南、高雄六大鹽場，並利用美援經費，整頓布袋與七股的鐵道，將場內路線加以連貫，其中七股鹽場的路線總長將近30公里，是規模最大的鹽場鐵道。1954年，布袋鹽場鐵道與台糖「布袋線」接軌，七股鹽場鐵道則與

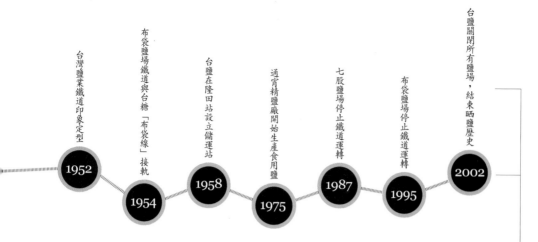

「七股農場線」接軌，並在台糖東太子宮站附近設置一座卸鹽台。

太子宮位在新營與鹽水之間，這段路線不但是台灣第一條糖鐵客運，同時也具備三線併用軌距。布袋與七股所生產的散裝鹽，交由糖鐵火車運送到卸鹽台後，就可轉運至台鐵的車廂，再經由新營站運往高雄港外銷。1958年，台鹽在隆田站設立儲運站，主要用來轉運北門與七股的包裝鹽，中途同樣藉由糖鐵路線運輸。然而台灣國內工業鹽需求日增，轉運外銷的模式不到10年就中止，糖鐵鹽運成為台灣產業鐵道史上的驚鴻一瞥。

由於鹽場更新設備，再加上國產鹽成本高，無法與進口鹽競爭，七股與布袋鹽場除了分別在1987及1995年停止鐵道運轉，台鹽更於2002年關閉所有鹽場，結束長達338年的台灣晒鹽歷史。目前台灣民眾熟悉的食用鹽，則是由1975年開始生產的通宵精鹽廠製造，雖然沒有小火車穿梭鹽田的景觀，不過在建廠時，曾委由台鐵代辦在白沙屯站鋪設「製鹽廠線」，作為工程搬運用，開廠後繼續用來運鹽；屏東線後庄站與林口線五福站，也設有台鹽倉儲及專用鐵道，不過皆早已停用。

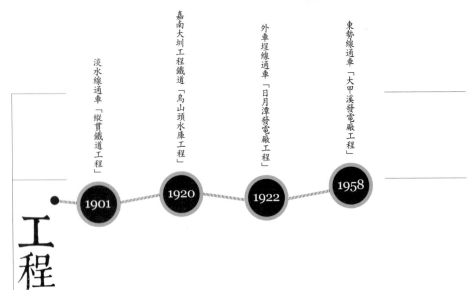

淡水線通車「縱貫鐵道工程」

嘉南大圳工程鐵道「烏山頭水庫工程」

外車埕線通車「日月潭發電廠工程」

東勢線通車「大甲溪發電廠工程」

1901　1920　1922　1958

工程用鐵道

　　在鐵道獨占運輸市場的年代，大型的工程，往往需要借助鐵道的優勢，幫忙運送工程所需的資材與機具。例如1901年通車的台鐵淡水線，其實就是為了縱貫鐵道工程所需而建。縱貫線通車後，曾出現3條由縱貫線車站出發的工程鐵道，而這3個大工程都是規模龐大的水利開發。

　　著名的烏山頭水庫與嘉南大圳於1920年興工，其中最艱鉅的工程是長1273公尺的大壩，以及長3122公尺的烏山隧道，從曾文溪越域引水到烏山頭。工程相關的鐵道先後多達13條，其中聯絡縱貫線的鐵道從隆田出發，終點烏山頭，全長7.2公里。另一條重要的路線，是從烏山頭通往大內的「曾文溪線」，長度超過16公里，用來搬運大內一帶適合進行大壩工法的土石。嘉南大圳的完成，改變南台灣農業結構，當年主導工程的八田與一技師，在今日成為不分黨派共同懷念的偉人，工程鐵道卻完全被遺忘了。

　　同樣在1920年代，日月潭是另一個影響台灣極其深遠的水利工程。日月潭工程非常浩大，除了興建頭社壩與水社壩提高水位，還得從武界越域引水。為了搬運物

烏山頭水庫施工時以鐵道搬運修築大壩用的土石。（取自嘉南大圳工事寫真帖）

資進入山區，台電興建外車埕線鐵道，從外車埕再以纜車接駁至日月潭。1922年，長達29.6公里的外車埕線通車，一年後又延伸2.7公里到發電廠的所在地門牌潭，在日月潭周邊則有長達80公里的電氣化輕便鐵道。由於經費問題，整個工程一度中止，後來為了讓台電籌措經費，因此在1927年將外車埕線轉賣鐵道部，之後更名為集集線至今。

台灣最後一條大型工程用的鐵道支線，要屬從豐原出發，長14.1公里，為了達見大壩工程而建的東勢線。這條路線在1958年3月起工，雖然中途跨越大甲溪，卻僅歷時9個月就完工通車。如此神速，是因為鐵道路基在日治時期「大甲溪開發事業」中就已完成。不過，在東勢線通車時，大雪山林場已經成立，木材以卡車運至東勢再由鐵道輸出。1940年代首見規劃的達見大壩，直到1974年才完工（即德基水庫），大雪山林業則在前一年就收攤，興建鐵道的兩大主因接連消逝，加上公路普及，東勢線持續衰退至1991年終於停駛，正是產業鐵道常見的結局。

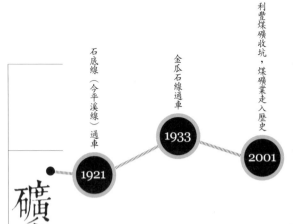

石底線（今平溪線）通車　1921

金瓜石線通車　1933

利豐煤礦收坑，煤礦業走入歷史　2001

礦業鐵道

　　在21世紀的台灣，活躍的礦產幾乎只剩水泥工業的石灰石，但是在日治時期，北台灣的煤礦、金礦與銅礦曾經盛極一時。開發這些礦藏的過程裡，鐵道是不可或缺的利器。台灣的煤礦不如國外豐富，不但從未有過露天礦，且煤層較薄，大多數都分布在交通不便的北部山區，開採上有諸多限制，在1980年代就大幅衰退，所剩無幾。2001年三峽的利豐煤礦收坑後，台灣煤礦業就此走入歷史。

　　在台灣近代化的歷程中，本土產煤炭扮演重要角色，除了供應各種工廠、發電廠所需之外，鐵道部要維持蒸汽機車車隊運轉，堪稱台灣煤礦的最大客戶。煤礦業興盛時期，北台灣的縱貫線、宜蘭線及平溪線，執行裝煤業務的車站不可勝數。知名者例如菁桐站的石底煤礦、侯硐站的瑞三鑛業、五堵站的基隆煤礦，以及轉運三峽、土城地區煤產的鶯歌站。事實上，位在今日新北市、基隆市內的台鐵車站，幾乎全都曾歷經過黑金歲月。

　　煤礦的開採相當仰賴鐵道運輸，台灣最早的鐵道就是在八斗子礦場誕生。煤礦鐵道可區分為兩大類，分別

瑞三礦業捨石場的廢棄軌道。

是礦區內的各種搬運路線，以及將煤炭從礦場輸出的聯外路線。由於煤礦場幾乎都位在北部，尤其基隆河及大漢溪沿岸，為了克服崎嶇地形，多運用較窄的496mm或610mm軌距，而且許多路線並未配備動力機械，而是以人力推車，在日治時期被歸類在「軌道」的範疇。軌距的選擇，由市場規模來決定，看似簡陋的小鐵道，展現產業鐵道的資本主義大架構，期待以最低成本獲取最大效益。

　　在台灣礦業鐵道歷史中，規模最大者，是由台陽礦業株式會社興建的石底線，也就是後來的平溪線。當時台陽礦業為了開發平溪礦藏，費盡千辛萬苦，打造這條1067mm軌距的路線。台灣鐵道歷史中，純民營公司興建如此高規格的路線非常罕見；1921年通車時，與當時尚未全通的宜蘭線連成一氣，基隆河沿岸自平溪菁桐以降，鐵道可一路通到松山，成為煤炭運輸大動脈。興建及維護平溪鐵道，讓台陽礦業險些經營不善，直到將鐵道轉賣鐵道部才得以解脫，而鐵道部說服議會出資收購

礦業鐵道

的理由之一，便是為了能確保煤炭的取得。

　　同樣由民營公司所興建，規模較大的礦業鐵道，還有位在東北角濱海地帶的金瓜石線。金瓜石是台灣著名的金礦產區，但其銅礦之蘊藏量同樣可觀。1933年日本鑛業株式會社在水南洞興建選煉廠，兩年後從水南洞到基隆八尺門的鐵道通車，雖然採用762mm軌距，但路基、橋梁、隧道先以1067mm軌距的規格興建，預留將來的擴充空間。二戰之後，金銅礦並不如預期持續發展，不過這條鐵道依然在1961至1967年間部分拓寬，並新建一段路線連接台鐵瑞芳站，除了幫助沿途幾個煤礦場的聯外交通，更重要的是用來運輸深澳發電廠的燃煤。

平溪線其實原本是一條不折不扣的礦業鐵道。

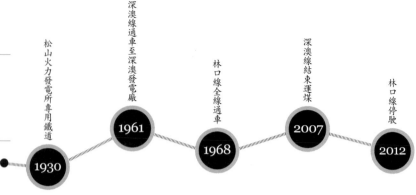

發電廠鐵道

　　在台灣鐵道歷史上，曾有為數不少的發電廠鐵道，例如集集線與東勢線，就是為了輸送水庫與發電廠工程資材而建，此外還有幾條專門用來運送煤炭的鐵道，也讓人津津樂道。1927年，日月潭工程延宕，為了紓解電力吃緊的窘境，台電以轉賣集集線所獲資金興建松山火力發電所。這座電廠在1930年啟用，並利用松山站分歧的支線鐵道運煤，不僅是台灣第一條發電廠運煤鐵道，更是第一條1067 mm軌距的電氣化路線。

　　在日治時期，台灣的發電廠以水力為大宗，二戰後的1950年代才漸漸轉為以火力為主。1955年，南部火力發電所在高雄前鎮設立，當時高雄第一臨港線蓬勃發展，眾多工廠沿著環狀鐵道設立，發電廠是其中之一。第一臨港線在高雄港站起4.4公里處，設置有「南部火力發電廠線」，4.3公里處則有「南部儲煤廠線」，發電廠燃煤也成為高雄臨港線的過客之一。

　　1960年起，位在東北角的深澳火力電廠機組陸續啟用，至1967年台灣有三分之一電力來自深澳。為了運輸電廠燃煤，台鐵興建從瑞芳站分歧的深澳線，其中瑞芳至八斗子4公里餘為新建路線，八斗子至深澳電廠則與台金公司金瓜石線共用路基，共用區間的兩端設置號誌站，管理兩種不同軌距的火車進出，是台灣鐵道史上僅

由林口電廠返回桃園的
運煤列車空車。

見的作法。如同糖廠常見三軌併用，這樣的「怪事」也
是產業鐵道的特色之一。

　　深澳電廠啟用的1960年代，台電也積極重啟日治時
期未竟的大甲溪計畫，但在金主美國強力影響下，大部
分經費被挪至林口火力發電廠的建設。林口火力發電廠
在1968年竣工，當時是台電最大發電量的單一機組，同
時啟用的還有從桃園站分歧，長度19.5公里，直抵發電廠
的林口線鐵道。深澳和林口電廠曾是北部煤礦重要的客
戶，不過進口煤依然是大宗。1981年台鐵在龍井設置儲
煤場，用來轉運由台中港上岸的進口煤炭。超過30年的
時間，從龍井發往深澳和林口的運煤列車，曾是縱貫線
北部最常見的貨物列車之一，但隨著深澳電廠在2007年
改建，林口電廠在2012年改以公路運煤，台灣鐵道的運
煤列車，以及發電廠的專用鐵道，就此一併走入歷史。

內灣線通車至竹東

內灣線通車至合興

北迴線新城至花蓮港通車

北迴線全線通車

1947

1950

1978

1980

水泥工業鐵道

　　進入21世紀後，台灣的產業鐵道沒落，甚至已經大幅消失，唯獨水泥工業依然仰賴台鐵的運輸。台灣第一座現代化水泥廠，位在高雄鼓山的淺野水泥株式會社，礦石來自一旁的柴山，於1917年開始生產，當時即有專用鐵道通往鼓山站。在水泥製程中，石灰石和黏土是兩種主要原料，兩者和年產量上百萬噸的水泥成品都很依賴軌道運輸。雖然環保意識高漲，被批評是「賤賣國土」的水泥產業不但在東部蓬勃發展，原本已停止採礦的新竹關西甚至還死灰復燃！

　　水泥廠的位置，通常選在礦區附近的鐵道沿線。高雄地區許多珊瑚礁岩地質的山丘，包括柴山、半屏山與大崗山，都是著名的石灰石礦區。由於位在平原地帶交通便利，1950年代水泥工業從特許轉向開放時，許多工廠紛紛在高雄設立。例如半屏山麓的東南水泥，就近採礦，成品則以專用鐵道運到左營站轉運。離縱貫線稍遠的大崗山，則有嘉新及環球兩個礦區，嘉新水泥廠位在岡山，以架空索道運送礦石，也設有專用鐵道通往岡山站；環球水泥最為特別，由台糖協助，從高雄糖廠石案潭線新建一條支線通往礦場，礦石運下山後往北經由仁

由新城開往花蓮港的水泥列車。

德糖廠阿蓮線運往工廠，環球水泥廠位在大湖站外，當然也利用專用線通往大湖站。

　　台灣西部由於公路發達，水泥鐵道很快就式微，最後較有規模的路線是台鐵的內灣線。直到2006年底，九讚頭站的亞泥還以台鐵運送工廠用的煤炭；已於2000年關閉的台泥竹東廠，曾以索道運輸礦石至合興站，再以台鐵列車運往竹東，這也是西部最後的石灰石列車。東部的水泥產業集中在蘇澳與花蓮之間，歷史最悠久的台泥蘇澳廠，前身是1942年啟用的台灣化成工業株式會社蘇澳工場，當時以輕便軌道運送礦石，如今已改用高架的輸送帶。

　　北迴鐵路南段和平至北埔、花蓮港在1978年搶先通車，就是因應水泥產業的運輸需求。水泥業霸主台泥的足跡遍布全線，蘇澳山區的礦場，除了供應蘇澳廠，也運送一部分礦石到永樂站的石庫，經由北迴線運往宛若

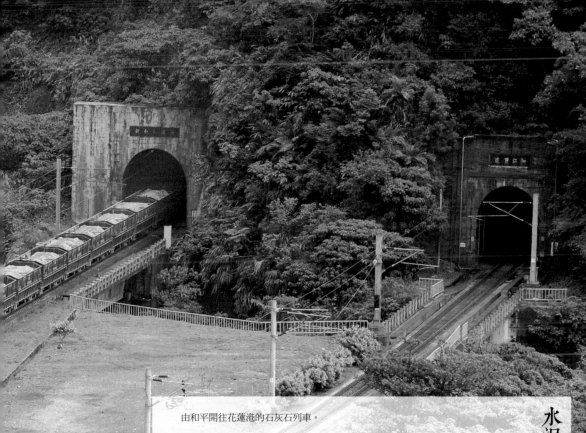

由和平開往花蓮港的石灰石列車。

水泥工業鐵道

「外星基地」的和平。由於和平山區也有豐富石灰石礦，因此也利用北迴線運送至花蓮港的工廠。宜蘭三星和花蓮鳳林所產的黏土，也以台鐵列車運往和平，起運點分別是二結和南平站，不過由於鳳林的礦權到期，南平站的貨物列車已經停運。位在新城站附近的亞泥工廠，以輸送帶運送礦石至工廠，成品則以台鐵運至花蓮港，再以船運運至高雄港。工廠在東澳的幸福水泥，礦區位在和仁站附近，同樣有石灰石列車往返和仁與東澳，成品則運往五堵貨場的儲貨中心。「一票難求」的北迴線，客運列車班次密集，其實也是熱鬧非凡的水泥產業鐵道！

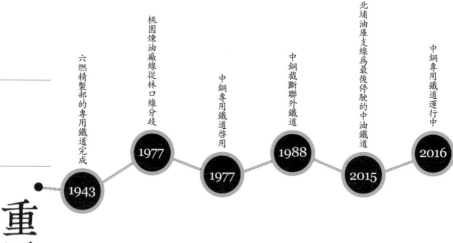

六燃精製部的專用鐵道完成

桃園煉油廠線從林口線分歧

中鋼專用鐵道啓用

中鋼截斷聯外鐵道

北埔油庫支線爲最後停駛的中油鐵道

中鋼專用鐵道運行中

1943　1977　1977　1988　2015　2016

重工業鐵道

　　高雄煉油廠是台灣第一座煉油廠，設廠歷史可追溯至1943年規劃的日本「第六海軍燃料廠」。當時以高雄為總廠設立六燃精製部，並在新竹與清水設立分廠作為合成部與化成部。由於進入戰爭末期，在物資缺乏和美軍轟炸陰影之下，三個廠區完成度不一。二戰後，位在半屏山北端的高雄廠於1947年復廠，並一直運作至2015年底才關閉，數十年來，台鐵縱貫線、高速公路與台灣高鐵都從一旁通過，鐵灰色廠房與煙囪已成為高雄市的識別地標。

　　規模如此龐大的重工業廠區，當然需要一條鐵道，在建廠時協助工程搬運，開始生產之後作為聯外運輸用。六燃精製部的專用鐵道在1943年完成，由當時稱為舊城的左營站出發，一開始沿著縱貫線併行，到今日新左營站的位置時轉向北方，從半屏山西側繞進中油廠區。屏山國小西側圍牆外的屏和街就是原本的鐵道路廊。事實上，六燃鐵道的規模還不止於此！

　　台鐵新左營調車場與高鐵左營基地廣大的土地，都是1940年代「南部操車場」的範圍，之所以有超大型調車場的規劃，就是預留當時軍事、石化等重工業設施

創建於日治時期，於
2015年底關閉的高雄
煉油總廠。

的鐵道需求。在新竹和清水的六燃廠區，也有相似的鐵
道規畫，新竹廠的支線由北部操車場出發，也就是現在
的新竹貨場。清水的廠址其實是新高港與新高市計畫的
一部分，當時興建臨港鐵道從大肚出發往北，在甲南站
（今台中港站）又接回海線，但二戰前僅完成路基；新
高市的規劃在戰後無疾而終，1970年代建設台中港時只
完成北段的鐵道，這也使得大肚車場一直讓人有功能不
明的疑惑。

　　除了源自六燃設施的鐵道，1977年開始生產的桃園
煉油廠，也從林口線中途分歧一條專用線。中油在台鐵
沿線還有幾處油庫線，例如楠梓站旁的橋頭油庫，現役
時代業務繁忙，楠梓站內停滿油罐車，還有藍白塗裝的
中油調車機穿梭期間，形成獨特的產業風景。2015年才
停駛的北埔油庫支線，是台灣最後的中油鐵道，至此所

中鋼公司煉鋼廠內川流不息的魚雷車。

有煉油廠、油庫、化工廠、肥料廠及糖廠路線全部停用，載運氣體、液體、粉末的「罐車」成為台灣鐵道消失的景觀。

　　在中油鐵道全面停用後，中鋼的煉鋼廠鐵道成為僅存重工業鐵道，而且非常活躍！中鋼自1977年開始生產，專用鐵道同時啟用，高雄第二臨港線也自此全線通車。雖然為了與台鐵接軌而採用1067mm軌距，但不論目的和運轉模式都與其他工廠鐵道大相逕庭。為了避免被不了解煉鋼廠鐵道的外單位監理，肇生不必要的困擾，再加上建廠時公路網已趨發達，聯外鐵道在1988年就截斷，中鋼鐵道就此與外界隔絕。在中鋼的高爐煉鋼製程中，魚雷車載運鐵水往來高爐與脫硫站等廠房，也是生產線的一部分。一輛魚雷車具備6個2軸轉向架，空重超過200噸，滿載時重達500噸以上，鐵水溫度高達攝氏1400度具有危險性。煉鋼廠24小時不間斷運作，魚雷車在複雜的路線上往來相當頻繁，機關車皆以遙控方式來操作，且沿途轉撤器採半自動控制，每列車僅由一位司機兼車長即可完成調度任務，兼具安全與效率。

最後一班從高雄港71號碼頭開出的穀物夜車。（陳威旭攝）

台鐵貨物列車啟動

第二臨港線開出最後一班穀物重車

只剩台中港線還有穀物列車行駛

1978　2008　2016

麵粉廠鐵道

　　台鐵貨物列車歷經30餘年大衰退，如今只剩東部水泥與砂石運輸仍有規模。若不考慮鐵路局本身的材料、鋼軌，以及軍方偶爾出現的運輸需求，穀物列車是西部僅存的單元貨物列車。用來載運「黃小玉」的穀斗車，早期足跡遍及整條西部幹線，從北到南，甚至支線沿途，許多車站都有大豆油廠、麵粉廠或飼料廠的專用鐵道。這些小鐵道和其他工廠鐵道一樣，常自備火車頭來調度車廂，各家廠商自成一格，很有意思。目前，台灣只剩台中港線還有穀物列車行駛，起運點是1號及3號碼頭。其運作模式分為兩段，第一段是經由碼頭專用線及台中港線，將重車拖到海線台中港站；第二段則是交由其他貨物列車班次北上，目前終點僅有新竹貨場的新竹麵粉廠，以及富岡站的國豐及聯華麵粉廠，全面消失已是可預期的結局。

　　黃小玉也是高雄臨港線的最後「乘客」，起運點在71、72號碼頭的遠東倉儲，經由「第三貨櫃中心線」到草衙車場，再經過第二臨港線、第一臨港線，緩緩通過無數平交道後抵達高雄港站，之後再編組北上，運往橋頭、路竹、大湖、中洲、永康、新市、隆田等站。火車

穀斗車在台中港1號碼
頭的穀倉等候裝車。

浩浩蕩蕩在繁忙的高雄市區穿梭，顯然並不討喜；第二
臨港線在2008年開出最後一班穀物重車，兩年後滯留在
草衙的穀斗車也全部清空。南台灣的穀斗車步下舞台，
中鋼鐵道雖然活躍卻被關在圍牆內，高雄市終於擺脫產
業鐵道的落伍意象了！

　　臨港線停用後，接連被改建為自行車道和環狀輕
軌，工業地帶也早已變身，被大型購物中心和娛樂中心
取代。然而，如果沒有鐵道，就沒有完整的高雄港，如
果沒有高雄港，也沒有今天的高雄市。臨港線鐵道對
高雄港都來說，曾經如此重要，但是當公路交通更加便
利，住民也開始追求生活品質，古老的臨港線終究難逃
遭排擠的命運。而這樣的歷程，其實也是全台灣各種產
業鐵道的縮影。產業鐵道沒有花俏的設計，回歸運輸的
本質，散發迷人的質樸感，常常讓人懷念不已。

台灣的火車站建築

圖文／謝明勳

高雄輕軌的車站，類似公車
候車亭，外觀簡潔。

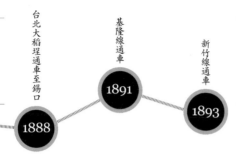

台北大稻埕通車至錫口

基隆線通車

新竹線通車

1891

1888

1893

清朝時期「火車票房」

　　台灣的鐵道最早於1888年從台北大稻埕通車到錫口，隨後往基隆延伸，1891年「基隆線」通車。同時，另一條由台北往南的「新竹線」，也於1893年全線通車。清朝時期的火車站，稱作「火車票房」，只負責賣票，進入月台不須剪票。除了台北火車票房是以大跨度的鐵架結構，涵蓋站內數條鐵路，作為大頂棚，並有低矮的小月台外，其他各個火車票房，錫口（松山）、水轉腳（汐止）、大橋頭、海山口、打類坑、龜崙嶺、桃仔園、中壢、頭重溪、大湖口、鳳山崎、新竹等站，多是簡單的土角厝，甚至只是簡陋的茅草屋，也沒有月台，旅運設施可說是相當陽春。

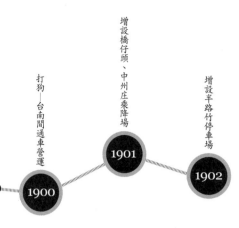

1900

增設橋仔頭、中州庄乘降場

1901

增設半路竹停車場

1902

日治時期「停車場」格局

1895年日本領台後，除了著手北部路段的改建，也開始展開縱貫鐵道南部線新建工程。1900年11月打狗—台南間通車營運，出現了日本在台灣興建的首批車站。日本明治時代，稱火車站為「停車場」，不派站員駐守的車站為「乘降場」。第一批火車站，分別為打狗停車場、舊城乘降場（左營）、楠仔坑停車場（楠梓）、阿公店停車場（岡山）、大湖街乘降場（大湖）、車路墘停車場（保安）、和台南停車場。

日治時期標準的木造小型站房。

橋頭車站候車室。日治時期的中型車站形式。

1901年增設橋仔頭乘降場、中州庄乘降場，1902年增設半路竹停車場。

　　1900年啟用的「臨時打狗停車場」，是永久車站尚未完成前，先趕工興建應急暫用的，位於鹽埕埔山下町一丁目十七番地，位置約略在現今鼓山一路87巷巷口對面。

　　「臨時打狗停車場」有一棟木造主建築，作為旅客進出、購票、剪票及候車使用。設有一座岸壁式月台和一座島式月台，供旅客上下及裝卸貨物。由於初期掛的車廂不多，列車長度不長，所以為了節省經費，月台長

度不及百米，僅是勉強夠用。站場的股道配置也相當陽春，停靠岸壁式月台的第1股道，是旅客列車主要的到開線。貨物列車主要利用第2股道停靠島式月台裝卸。月台另一側的第3股道，則作為機關車調頭的機廻線。下行列車抵達打狗停車場後，機關車和後面的客貨車廂摘離，機關車再往路線末端轉線，走第3股繞到北邊，進入機關庫或打狗鐵道工場整備，然後配合運用計畫，在停車場北邊連掛上行列車，出發開往台南。

在站場的東側，也就是「後站」的方向，設有貨物裝卸線和數棟倉庫。旁邊挖掘船渠，連通打狗川支流，可供鐵道貨物運上駁船，穿過遍布沙洲的潟湖，運往哨船頭裝船輸出。當時也設置一座棧橋，方便旅客進行火車和駁船之間的轉乘。

停車場的東北方，有5棟山形屋頂的紅磚造廠房，每棟正面都開有兩孔大門，供機關車進出，此為「打狗鐵道工場」。

1908年縱貫鐵道全通，打狗停車場往南搬移，主要的站房（本家）為一層木構造建築，面積103坪，屋頂形式分為三個區塊，分別採用寄棟式構法將屋脊相接續的設計。建築整體在中央區塊向外突出設置車寄，是主要的旅客出入口。

車站牆體表層為雨淋板，於各牆體中央處開長條形格式上下推拉窗，站前有水池作為車道圓環。兩旁種植象徵帝國南方的椰子樹，車站南側另建有一棟行李房和倉庫。驛事務所和乘務員事務所也設在旅客本屋與貨物上屋之間。

由中央入口進入車站室內，主要的空間是「待合室」，也就是候

車室。左前方是「出札室」（售票房），有3個出札窗口，依45度折角排列。三等車的旅客買票之後往左，進入「三等待合室」候車，轉角處有一處櫃檯，是「旅客案內所」（服務台），案內所的對角是販賣部，靠月台側開有2個改札口（剪票口）。購買一、二等車票的旅客，右轉步入「一二等待合室」候車，這個空間比較小，靠月台側開有一個改札口。

抵達打狗的旅客下車後，由一二等待合室旁邊的2個閘口出站，外面有排班人力車，行李房設在最外側，如此將進出站的旅客動線分流，是當時車站設計的基本原則。

月台主要分為三處，最主要的本線旅客月台和車站站房連在一起，上行月台面在西側，類似端末線的形式；下行月台面在東側，整面長度達265公尺。下行月台對面的島式月台，為鳳山支線列車使用，在南端以人行天橋和本線月台及站房連絡。另有一座貨物月台，位於本線旅客月台的南端延伸段，附有貨物上屋、倉庫、大貨物取扱所，貨物都在這裡進行裝卸工作。

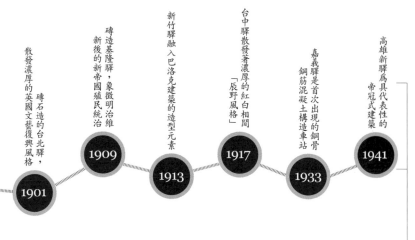

散發濃厚的英國文藝復興風格，
磚石造的台北驛，

新後的新帝國殖民統治
磚造基隆驛，象徵明治維

新竹驛融入巴洛克建築的造型元素

台中驛散發著濃厚的紅白相間
「辰野風格」

嘉義驛是首次出現的鋼骨
鋼筋混凝土構造車站

高雄新驛為具代表性的
帝冠式建築

1901　　1909　　1913　　1917　　1933　　1941

作為帝國象徵的「驛」

　　縱貫鐵道沿線中小型車站，多由鐵道部自辦設計。基於殖民初期的熱帶風土經驗，也因經費不足的速成延長主義，以木造建築為主，看起來很像日式住宅，只是把開窗擴大，房屋外圍設計成簷廊，讓旅客遮風避雨，散發濃厚的日本風味。不過，幾個大都市的重點車站，則由總督府技師親自操刀，例如位於日本來台玄關地位的基隆和台北。

　　1909年磚造的基隆驛，建築中央設計高起的尖塔，和優美的弧線型屋頂，高聳的屋頂是馬薩式的，

紅白相間「辰野風格」的台中車站。

外觀看起來占有整棟建築相當比例，整體塑造歐洲進步
文明的風格，也是這個港都最高的建築，象徵明治維新
後的新帝國殖民統治，希望台灣人看到這樣的車站，進
到這座挑空的內部空間，自然而然產生敬畏仰慕之情。
也就是說，殖民地台灣的火車站，是歐洲大教堂的替代
物，藉此高聳的、進步的、文明的象徵，來形塑帝國統
治的正當性與絕對權威。

　　1901年磚石造的台北驛，散發濃厚的英國文藝復
興風格，是模仿歐洲建築紅磚與橫飾帶交錯的「辰野風
格」作品，類似的風格後來也複製到很多台北的大型公
共建築，例如台大醫院、台灣總督府等等，甚至東京中
央車站也是類似的風格。

　　再往南的新竹驛，完工於1913年，和基隆驛一樣，

均為松崎萬長設計。松崎曾留學德國，他融入巴洛克建築的造型元
素，使得新竹驛成為德式建築於台灣的代表作，也是現存火車站中最
古老的一座。外觀上最大的特色是有座2段式大傾斜屋頂，搭配盔甲
式4面鐘塔，及比例修長的拱圈門廊。一些細節，例如圓窗、柱頭、
浮雕裝飾，均有可觀之處。

　　1917年完成的台中驛，也是散發著濃厚的紅白相間「辰野風
格」。車站最吸引目光的是中央高聳的山牆和尖形鐘塔，主體外牆為
英式紅磚，飾以白色假石環帶纏繞，通過半圓拱窗時則集中於圓心，
於是產生華麗的立面效果。屋頂為厚重、雙坡、鋪紋樣石板瓦的急斜
式設計。內部空間為挑高的大跨度設計，除了飾有橢圓形勳章紋，柱
頂也出現以鳳梨、香蕉為元素的浮雕，包括月台雨棚和鐵柱，也都有
相當有趣的裝飾。

　　1930年以後，隨著現代主義的興起，新的鋼骨鋼筋混凝土技術也
漸漸成熟，使得之後改建的台鐵大型車站，跳脫19世紀的文藝復興風
格，在新技術的基礎上，以使用機能為中心，轉向較為簡潔的設計，
但卻也保留相當程度，在非關結構的構件上，裝飾西洋風格的文藝復
興元素。這樣混用不同形式表現的建築樣式，被歸類為「折衷樣式」
或「過渡樣式」。

1936年的台南車站，折
衷風格類似嘉義車站。

　　1933年完工的嘉義驛，是縱貫鐵道初次出現的鋼骨
鋼筋混凝土構造車站。可以看到部分象徵西洋歷史樣式
的裝飾元素，還有簡化的裝飾性構件。在牆面處理上，
台度以洗石子裝修，作出石造厚實的感覺，牆面上緣有
水瓶裝飾帶作為收頭。裝飾帶也是幾何圖案，牆身貼附
面磚、開口為圓拱高窗和方窗，山牆的運用增加天空線
的變化強調入口意向。

　　1936年改建完成的台南驛，也在折衷建築風格的脈
絡下，設計為鋼骨鋼筋混凝土造2層建築，1樓為旅客大
廳，2樓仿照東京驛，特別闢為鐵道旅館。入口門廊有
3個圓拱門，屋簷有浮雕裝飾，平頂正面上方有小山形
壁。建築正立面開7扇圓拱長窗，中間3扇由4根壁柱作
框，中央長窗上方嵌有時鐘。站體外觀講求實用簡樸，
外牆上部為磁磚，厚重的腰牆則為人造石。室內地板候
車室及大廳多為大理石，牆面則以油漆為主，沒有過度
裝飾。

1 1940年竣工的高雄車站，唐式風格的「帝冠」套在現代結構上，作為大東亞共榮圈南進基地的玄關。
2 蒜頭車站是糖鐵標準大型站房。

現代主義的火車站建築，以1940年改建完成的第二代台北驛畫下句點。

此後，日本軍國主義勢力抬頭，開始以「大東亞共榮圈」的概念，將日本內地和台灣本島的政治軍事、經濟生產、教育文化、和交通運輸等等，都納入國家總力戰的範圍。為了推行大東亞民族意識，1940年以降的公共建築，紛紛以帝冠樣式出現在各大城市。帝冠樣式是為了對抗現代主義建築，而在日本獨立發展出來的建築樣式。特徵是在現代結構的鋼筋混凝土建築上，套上一頂日本式（或唐式）的屋頂。因為兼具實用和容易表現日本建築特色，不只是日本本土，滿州國現存的此類建築也很多。不過，台灣則較少見，唯一的例外，是1930年代中期之後，轉型為「南進基地中的南進基地」，開始大興土木的高雄市。

1941年6月，高雄火車站配合都市計畫，由哈瑪星東遷大港埔，全新登場的「高雄新驛」，就是一棟非常具代表性的帝冠式建築。車站主體在外觀上採用與日本傳統大寺廟和將軍家專用的「唐博風」式攢尖頂屋頂，上方仿唐朝建築有四角攢尖頂，但其內部則為西方的格局，整體是一種和洋混搭的建築。

回過頭來，再看整個1900～1940年代的台灣火車站建築，從1900年代象徵西方文明進化的基隆驛、台北驛、新竹驛、台中驛文藝復興風格，到1930年代跨入現代風格的嘉義驛、台南驛等樣式建築，最後是1940年高雄新驛的帝冠式建築。其實背後不僅代表當時的美學品味，也是殖民政府要真實展現給台灣人的帝國象徵。這些火車站建築，在那樣的時間，出現在那樣的空間，是歷史的必然，而非偶然。

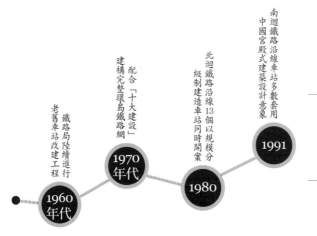

南迴鐵路沿線車站多數套用中國宮殿式建築設計意象

北迴鐵路沿線13個以規模分級制建造車站同時開案

配合「十大建設」建構完整環島鐵路網

鐵路局陸續進行老舊車站改建工程

1991

1980

1970年代

1960年代

「中華民國美學」

　　1945年二次世界大戰結束後，有一些受到美軍轟炸的火車站，紛紛展開復舊或是重建。由於物資缺乏的關係，戰後初期所建的車站，完全以恢復旅運機能為考量，並沒有多餘的裝飾設計。例如1949年重建的高雄港站站房，本體為磚造，外牆以水泥拉毛粉刷，建築下緣做有台基。屋架為真束小屋形式木構造，主要構件木料為檜木上材，其餘構件為福杉上材。窗扇為木作上下拉窗。從前門進入之後，長條L形櫃檯在左手

南迴線西段一系列的中國宮殿造型車站。

邊，界定出主要辦公區，辦公區的後面是貨物主任室、電報室。中央
走道的右邊，隔成兩排辦公室，依序分別為站長室、統計室、總務主
任室、物品庫、油庫。最南邊隔成警務室和臥室，由前面獨立進出，
這是台灣少見的貨運專用站房格局。

　　日治時期所建的大型車站和木造中小型車站，如果戰爭末期倖免
於難，則是簡單整修後繼續使用。1960年代開始，台灣鐵路營運快速
成長，進入歷史上的黃金10年，原來的站房已經無法滿足大量增加的
旅客需求，於是鐵路局開始陸續進行老舊車站的改建工程。

　　1960～1970年代改建的火車站，如1963年的桃園站、1965年的基
隆站、1967年的楠梓站、1968年的左營站，多是一部分鋼筋混凝土一
部分加強磚造的2層樓建築，但其實內部大廳挑空，至於小型車站則
維持一層樓。這時候的車站多由鐵路局工務處自辦設計，外觀談不上
華麗，就是一個水泥大盒子，開了許多採光通風窗，外牆直接粉刷油
漆，或貼上瓷磚，大門前延伸出一個大雨遮。不過也有一些車站受到
現代主義的影響，尚有可觀之處，例如1971年的高雄後站。

　　1970年代以後，配合「十大建設」，台鐵陸續進行「西部幹線鐵
路電氣化」、「北迴鐵路」、「花東鐵路拓寬」、和「南迴鐵路」等
大型計畫，建構完整的環島鐵路網。其中北迴鐵路計畫是新建路線，
1980年沿線13個車站同時開業，由於當時的車站除了南、北兩端的花
蓮新站和蘇澳新站較具規模，其他永樂、東澳、南澳、武塔、漢本、
和平、和仁、崇德、新城、景美、北埔等站，有很多是前不著村，後
不著店的小車站。為了節省設計成本，縮短興建期程，省府交通處北

迴鐵路工程處將車站以規模分級，同一等級套用同一樣式的設計圖，一看就知道是同一家族的兄弟。1982年完成的花東鐵路拓寬工程也是一樣，當時為了將鐵軌軌距從762mm拓寬為1067mm，以便與西部幹線接軌，除了部分路段改線外，連帶整個站場，包括月台和站房都必須拆掉重作。27座新建改建車站中，像玉里、光復、瑞穗這樣的稍大車站，分別設計為2層現代建築，內部挑高，風格簡潔。其餘小站也是套用標準圖設計，所以每個車站看起來也都很像，表示血統純正。這兩項計畫所興建的大量標準車站，更是強調車站機能性，運用到最精簡的程度，頗有西德包浩思建築的工業風格。

1991年環島鐵路最後一段的南迴鐵路終於通車啟用，從枋寮到台東同時新建14座車站，沿線所經之處大多是人煙罕至之處。南迴鐵路設計的時候，正好流行中華文化風格，所以沿線大小車站，除了東部的車站是稱不上什麼風格的鋼筋混凝土建築，搭配一些幾何色塊，中央隧道以西的小型車站，幾乎都是以黃色琉璃瓦的中國宮殿式建築設計，連月台雨棚也是這樣。只不過，雖然說是宮殿式建築，其實也只是意象式的套用，細看之下其實頗為粗糙。

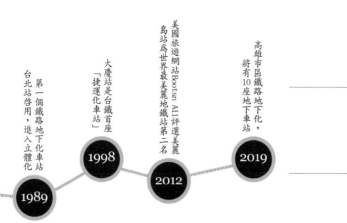

1989
第一個鐵路地下化車站
台北站啟用，進入立體化

1998
大慶站是台鐵首座
「捷運化車站」

2012
美國旅遊網站Bootsn All評選美麗
島站為世界最美麗地鐵站第二名

2019
高雄市區鐵路地下化，
將有10座地下車站

捷運化、立體化

1989年9月台灣的第一個鐵路地下化車站台北站切換啟用，象徵台灣鐵路進入立體化的新時代。新建的台北站，預留了捷運藍線、紅線，和高鐵共構的空間介面，地面以上為6層樓的中國宮殿式車站大樓，1樓是售票大廳，2樓商業空間，3樓以上為辦公室。地下1樓是台鐵和高鐵的穿堂層，地下2樓是台鐵和高鐵的月台層，地下3樓和4樓為捷運使用空間。

從日治時期以來，火車站（停車場）的設計，

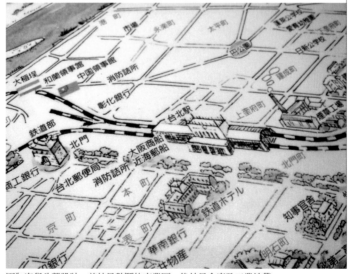

因為客貨分離設計，前站是熱鬧的商業區，後站是倉庫及工業地帶。

潮州高架車站以1樓為大廳，2樓為月台，屋頂曲面是大武山的意象。

配合貨物列車和旅客列車作業方式的不同，將客運和貨運分流，旅客出入的這一側稱為前驛（表驛），貨物裝卸的另一邊稱為後驛（裏驛），長久下來，前站是人口集中的商業地段，也是都市的核心，但是後站的發展，則是以倉庫、工廠為主，鐵路兩邊是截然不同的兩個世界。1990年代台北市區鐵路地下化之後，被鐵路分隔的兩邊得以打通，也就不再有前站、後站的區別。

後續台鐵改建的車站，即使不在鐵路地下化，或高架化工程的範圍，也儘可能朝向跨站式站房規劃，例如北部地區的樹林站、山佳站、鶯歌站，中部地區的斗六站、大林站、民雄站，高雄市則有橋頭站（與捷運共構）、新左營站（與高鐵共構）、和左營臨時站。這些新一代的跨站式車站，將車站大廳移設到地面軌道和月台上空的2樓，鐵路兩邊民眾可以自由通行，出口通常以東出口、西出口區別，所以也就漸漸打破前後站的傳統

以生態綠建築為概念設計的高雄新車站。

概念。

　　1998年新增的大慶站，是台鐵首座「捷運化車站」。所謂「台鐵捷運化」，是將中、長程運輸為主的台鐵，仿效捷運車站密集、班次密集、票種單純等特性，而增設通勤簡易車站。這種車站沒有交會待避的功能，通常是在既有鐵路兩旁增建岸壁式月台，以方便旅客通勤通學使用，建設費用低廉，立即讓民眾有感，因此2000年後期又增設三坑、百福、汐科、太原、大村、嘉北、南科、大橋等捷運化車站。

　　2015年配合屏東—潮州間鐵路雙軌高架電氣化，新建的歸來、麟洛、西勢、竹田、潮州等高架車站，都是由地面層進出車站，直接上到月台層候車乘車。至於像屏東這樣的大站，則是在地面層大廳購票後，搭乘電梯上到2樓穿堂層，經過自動驗票閘門，再上到3樓月台層搭車。新的車站均儘可能保留較多的空間作為商店使用。

　　2019年完工的高雄市區鐵路地下化，將會有10座新建的地下車站。最大的高雄車站，特別融入生態、歷史、環境等理念，設計為「高雄之心」。老車站將遷回原來的中山路建國路口，繼續扮演都市

高鐵車站已經取代台鐵車站，成為新的城市玄關。　捷運車站的月台也擔負大量轉乘的功能。

中軸線端點的地標。地面層設計以生態公園為主，旅客從前後站的廣場，步下階梯，抵達地下1樓，通風兼自然採光的車站大廳，再通過驗票閘門，下到地下2樓的台鐵月台層。地下4樓則是捷運車站月台層，地下3層專供捷運和台鐵之間旅客轉乘使用。

除了高雄車站外，從左營到鳳山的地下化路段，也新增了內惟、美術館、鼓山、三塊厝、民族、科工館、正義等7座捷運化車站，使得高雄市內火車站的平均距離只有1公里多，加上捷運紅線、橘線、以及環狀輕軌，高雄市中心圈內，大約500公尺半徑內，都可以提供軌道運輸服務。

21世紀所新建位於市中心區的車站，無論是捷運車站還是台鐵通勤車站，都呈現和過去傳統不同的設計理念。以高雄捷運為例，市區內地下路段的一般車站，只在地面露出幾處出入口，已經沒有過去「大車站」的痕跡。不過，在都市核心區，例如紅線和橘線交會的美麗島站，以及中央公園站，都將其視為都市核心景觀的一部分，而特別用心設計，將其視為公共藝術來對待。

美麗島站由日本後現代主義風格建築師高松伸設計。四個玻璃帷幕出入口，以合掌的姿態，環繞著圓環開展，蘊含「祈禱」的意念，象徵著四面八方湧入廣場祈求民生和平的人群，沿著街道向廣場集聚，心手相連，自然和諧地融為一體。玻璃帷幕的尖端，射出雷射光束，於空中交會，象徵捷運十字路網的交會。地下大廳的「光之

中央公園捷運站。位於都市核心的車站，必須要考慮對於城市景觀的貢獻。

「穹頂」，直徑30公尺，展現「水」、「土」、「光」、「火」四大意
涵，是世界最大的玻璃公共藝術作品。製作者水仙大師希望：「讓旅
客凝望穹頂時，找到一個作夢的地方，提供一個自由思考與想像的公
共藝術空間」。2012年美國旅遊網站「BootsnAll」將美麗島站評選為
全世界最美麗地鐵站的第二名，2014年PolicyMic「讓紐約客只能夢想
的全球八大最美地鐵站」也評為第二名。

中央公園站則是由英國建築師 Richard Rogers設計，巨大頂棚由
高雄在地造船廠製作，將陽光與寧靜自公園引入地下站體，襯托出開
放車站大廳的「飛揚」設計意象。旅客一出驗票閘門，前方一片開
闊，中央階梯伴隨著瀑布通往地面公園，兩側花草坪台一階一階向上
堆疊，令人賞心悅目，列名世界最美地鐵車站第四名。

可以說，未來20年內，全台灣最美的，最與環境融合的新一代車
站，大半都位於港都高雄。

島嶼的
鐵道旅行

圖文／謝明勳

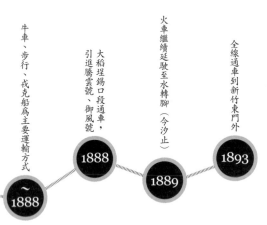

牛車、步行、戎克船為主要運輸方式

～
1888

大稻埕錫口段通車，
引進騰雲號、御風號

1888

火車繼續延駛至水轉腳（今汐止）

1889

全線通車到新竹東門外

1893

清朝時期的旅行

在鐵道還沒出現之前，台灣島上並沒有像樣的道路，最好的「官道」也只能容納牛車通行，2、3天內的距離，只能靠雙腿步行，或以牛車、轎子代步。至於南北之間的長途跋涉，因幾條大溪流阻隔其間，陸上渡河縱貫旅行難度很高，大部分的人都直接到港口，搭著戎克船，或是竹筏帆船，沿著海岸航行。

當時英國Times報社的通訊記者Colquhoun報導，從淡水到艋舺，水運需3～4個小時；從淡水到基隆，由水路逆流而上需18小時；天氣良好時，從淡水到安平，經由陸路最快約10天可達。但因為有許多無法掌控的不確定風險，所以農民曆上還會註明哪幾天「宜遠行」，提供旅行者參考。

1888年秋天，自大稻埕到基隆的鐵路築至錫口（今松山）一帶，便在機器局的主持下試行火車，「大稻埕至錫口一帶，車路已經告竣，由機器局總辦丁培軒觀察擇於7月18日將火車試行。‧‧‧‧‧‧連日府城內外，扶老攜幼前往觀看者仍人山人海，無不嘖嘖稱奇。」商務局隨即訂立《台灣鐵路章程》，並自11月16日起，先開放大稻埕錫口段通車營業，由剛從德國進口的騰雲

在沒有鐵道的時代，海路比陸路還要方便。

號、御風號蒸汽機關車牽引客貨車各一輛，每日往來4次，這是台灣
鐵路正式開業的第一天。

　　當時的票價，從台北至錫口，一等座洋3角，三等座洋1角。小孩
5歲以內免費，5歲以上至10歲半價。託運行李，每石洋1角，50斤減
半。因為當時的客車很小，長度只有8公尺，因此規定不准攜帶物件
進入客車，以免占據走道空間。

　　1889年春，火車繼續延駛至水轉腳（今汐止）。由於路線延長，
若按距離比例計算，票價將會大幅提高，影響旅客搭乘意願，於是商
務局把開業初期的票價減半，每站（當時稱火車票房）間約10哩收銀
5分。

　　1893年全線通車到新竹東門外之後，考慮築造鐵路耗費過多（所

以新竹以南路段就此停工），將來還得負擔養護經費，
所以再將票價一律加倍核收。

　　比較當時台灣島上的其他交通工具，如舊式的輿
轎，從台北到錫口需洋4角，到水轉腳，則需洋7角，但
火車票價還不到一半，而且「迅速非常，隨發隨至。」

馬偕牧師約1890年在台北拍攝的清朝火車。

「行疾如風馳電激，不逾時達矣。」所以吸引很多人單純坐火車來回遊樂，短短五節左右的火車常常客滿為患。

然而，由於管理不善，當時鐵路旅行的車廂景況卻是雜亂不堪。除了一般乘車民眾習於逃票，而鐵路員工營私舞弊風氣盛行外，中國官場的假公濟私惡習也造成鐵路營運的重大損失。當時有許多官吏和軍人經常冒稱公務乘車，而不買車票，且有裝載貨物並非官用而冒稱官用。

由於清朝時期的鐵路管理亂無章法，雖然通車只有短短5～6年，但卻已顯露出破舊的樣態。機關車、客貨車欠缺保養而殘破不堪，甚至因為機關車損壞未修，使得發車次數從6次減為4次。基隆線列車12輛，新竹線10輛，其中上等客車1輛下等客車3輛，貨車5輛視情況增減。每日旅客人數，台北基隆間平均約500人，台北新竹間約400人，上午7點半及下午4點各開一班。

1895

1900

打狗的輕便台車

　　1895年日本接收台灣之後，為了軍事需要，緊急在打狗至台南間鋪設輕便台車線，台車長5尺，寬3尺4寸，約可載運230公斤，最多時可運送10至15大包的精米，重量可達450公斤。

　　1895年12月竣工的「打狗—台南網寮社輕便線」，起點在「台灣陸軍補給廠打狗辦事處」，位置約在現在的哈瑪星哨船頭，輕便線沿著打狗山山腳下，一路往北，中途設楠仔坑、土庫庄、阿公店、三爺埤庄、中洲等站，全長47.9公里，配屬台車60輛；一年後的1897年1月，「鳳山支線」也竣工通車，從山腳下的鹽埕埔分歧點，經三塊厝至鳳山間，全長8.9公里，配屬台車30輛。

　　隨著情勢緩和，陸軍有限度的開放一般民眾搭乘及託運貨物。以打狗到鳳山間為例，票價28錢，其中22錢是付給推台車工人的工資，6錢是付給路線修繕工的費用，也算是另一種「車路分離」的營運模式。

　　為了有效率的安排中間交會及車站裝卸時間，輕便線也設計自己的行車時刻表，一點都不含糊。一天各有一班車由打狗和台南對開，除了直通班次外，以阿公店為界，北段和南段上下午分別有一趟「區間車」。

在過去徒步或坐牛車的時代，從打狗到台南要一整天的時間。1895年底通車的台車輕便線，雖然仍以人力推車，但行走在光滑鐵軌上，阻力甚小，坡度平緩，邊推邊滑，12小時可以跑完全程，這其中還包括中途各站停留裝卸貨物的時間，例如在阿公店，就得停留1個小時。至於打狗—鳳山間，行車時間則安排2.5小時，和正常步行速度約略相當。

19世紀跨20世紀初，南部地區地廣人稀，產業以農業為主，加上南部人較保守，幾乎沒有商務旅行需求。1900年11月29日縱貫鐵道「南部線」第一段打狗—台南間通車開業後，乘客及貨運均極少，平均每日每哩收入才6圓，不像1888年台北—錫口開業時人山人海。當時南部民眾，對於鐵道可以帶來何等便利，感受並不深刻。倒是鐵道開通後，牛車和竹筏隨即降價搶客，一般人不趕時間，就挑便宜的牛車坐，比原先還便宜，這是鐵道通車後民眾感覺得利的地方。

另一方面，營收不如預期，也和旅客票價計算基準有關。當時車廂依分「上等」和「並等」兩種，上等（相當一等）運費每哩6錢，並等（相當三等）運費每哩3錢，這樣的票價約略是日本內地的3倍，鐵道部制定的依據，是說台灣本島物價大約是日本內地的3倍，但是台灣的平均收入卻是少於日本，訂出這樣的票價，不僅相當昂貴，更是很不合理。南部鐵道利用率超乎預期的低下，對鐵道部打狗出張所

鐵道到不了的地方，還有輕
便台車線深入各個角落。

造成很大的壓力，於是想
盡辦法行銷鐵道的好處，
但效果還是相當有限。

　　縱貫鐵道全線通車是
1908年的事，在那之前，
南來北往的旅客通過中部
路段，必須轉乘人推台車
輕便線來接駁行程。

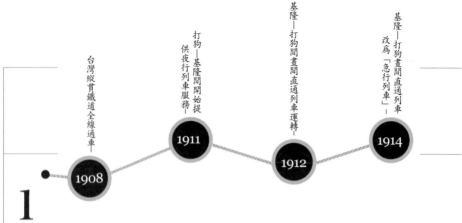

台灣縱貫鐵道全線通車

打狗—基隆間開始提
供夜行列車服務—

基隆—打狗畫間直通列車運轉—

基隆—打狗畫間直通列車
改為「急行列車」—

1908　1911　1912　1914

1908年的縱貫鐵道旅行

　　1908年台灣縱貫鐵道全線通車，早上6點整從台北搭上火車，晚上8點前即可抵達打狗，台灣從此進入全新的時代。

　　該年出版的《台灣鐵道名所案內》中，附有一份通車當時的火車時刻表。這張時刻表包含了「基隆台北間」、「台北打狗間」、「鳳山線」、和「大稻埕淡水間」的班車時間和票價表。

　　觀察這份百年前的時刻表，隱藏一些有趣的線索：

（1）所有的時間和票價都是漢字數字表記，還沒有使用阿拉伯數字。

（2）當時鐵道部還沒有正式實施24小時制、所以上午（午前）時刻以細字標記，下午（午後）以粗體字標記。

（3）台北、新竹、苗栗、三叉河、台中、彰化、斗六、嘉義、台南這幾個車站，同時標記有到達時刻及發車時刻，一來這些車站屬於比較大型的車站，列車應該會停留比較長的時間；二來也是為了運轉需要，蒸汽機車沿途必須加水加煤，或是等待會車。

（4）縱貫鐵道的二等客車，只在台北一台南間才有，台

南—打狗間只有三等客車。

（5）幾乎所有的站名都還沒有「近代化」與「日本化」，仍然保有前清拓墾時期的原始地名。

（6）營運時間從早晨6點開出第一班車，到晚上9點就收班打烊，正對應當時的農業社會生活型態。

　　1908年當時的營運時間是從早晨6點到晚上9點左右。早上6點過後，分別從台北、苗栗、台中、嘉義、台南、打狗這六個車站發出第一班車，那麼這些車也是前一天晚上抵達收班的列車。為什麼這六個車站有這樣的安排呢？我們知道，一百年前火車速度那麼慢，因此除了一早從南北兩端開出的列車外，中間站也需要有早班車服務旅客。當年的蒸汽機車必須加煤加水，發車前一個小時就要先升火，所以這幾個車站也同時就是台鐵第一代「機關庫」的所在地。

　　那麼機關庫的位置是如何決定的呢？在沒有柴油機車和電力機車的年代，火車頭的續航力是由水箱和煤炭箱的容量所決定，水是產生蒸汽推動汽缸和車輪的來源，而煤炭是把水燒開的燃料。1908年當時，台鐵幹線用機關車，除了清朝時期遺留下來的老弱殘兵，和接收初期從日本帶來的中古車外，就以2動軸的18號型為主力，苗栗山岳路段則配有3動軸的50型。這些小型機關車都還沒有煤水車，而是把水艙搭載在車頭兩側，煤艙附在駕駛室後面，容量都不大，當然續航

力也就很有限。水用完了可以在月台頭端,利用水鶴來灌水;但添加煤炭就必須開進去機關庫才有辦法,所以機關庫的位置,就依照蒸汽機車所能搭載的煤炭儲存量和消耗量來決定,根據鐵道部1908年當時的統計,平均每哩所消耗的煤炭是28斤,所以續航力大約以100公里為範圍。

當時台北、打狗為兩端的車輛基地,當然要設置機關庫。從台北往南,第一個機關庫位於苗栗,距離台北大約110公里,另外,從苗栗開始,就進入山岳路段,除了把煤水加滿外,也要更換爬坡用的3動軸機關車,所以苗栗是個很重要的機關庫。

翻過山岳路線後,下一個機關庫在台中,距離苗栗只有50多公里。除了台中是中部最大的都市外,從南部開來的上行列車,也必須在此加煤,更換50型機關車準備爬坡。

再往南100公里,正好是嘉義,所以嘉義也設有機關庫;嘉義到台南約62公里,到打狗約100餘公里,照理說,機關庫應該設在打狗即可,但當時台南仍是台灣南部第一大都市,工商業的發展猶在剛起步的打狗港之上。台南機關庫和打狗機關庫都是1902年設立,1908年4月全線通車時,更扮演南部列車運轉中樞的基地角色。

我們觀察全通當時的時刻表,就會發現,不管是上行列車,還是下行列車,連晚上的班次也是如此,在台南停留的時間都要0.5小時到1小時不等。

1908年4月全通初期,從台北搭乘6點發的「一番」下行列車,17:13抵達台南,18:10繼續前往打狗,可以在19:55抵達,耗時14小

時；但若是從打狗往北，卻沒有「直通列車」可以在當天抵達台北。唯一的方法，前一天先到台南過夜，天亮後搭乘6:25發的「一番」上行列車，17:40抵達台北，除此之外，別無他法。

　　從列車運行圖中，很容易看出來，「台南－打狗」仍然遵循「南部線」時代的傳統，每天有4往復，由兩端同時間對開，主要是接駁台南站的功能。所以全通之初，並沒有從基隆直接開往南部的直通列車，也沒有從打狗直接開往北部的直通列車。每天早晨6點從台北，和6點25分從台南分別開出的第一班列車，才是唯一真正的直通列車。除此之外，再搭配「台北－苗栗」1往復、「台北－台中」1往復、「嘉義－台南」1往復、和「苗栗－彰化」、「嘉義－台中」各1班中短途列車。

　　當時火車分為一等、二等、和三等客車，可能還混編幾節貨車。三等客車是簡單的木頭椅子，二等客車為簡單的非字型沙發椅，一等車則是相當豪華，在定員15人像客廳一樣的空間裡，沿著窗戶擺了長條沙發，並設有可收放式的扶手，車窗加設紗窗，只有總督府高級官員，或是商賈鉅富才坐得起。九成以上的乘客，都是擠在簡單的三等車廂內，各項條件都很差，比較中高階層的內地人，多選擇搭乘二等車。

　　當時最大型的客車，為1907年出廠的ハボ8形三等客車，17公尺長的車廂中，座位人數竟然可以達到96人，而座位配置則是一邊採非字型座椅，另一側為橫條座椅。依據座椅尺寸推算，非字型座椅長約1.2公尺，每排擠3個，加上車端小椅擠2個，可以坐32人；橫條座椅長

約6.4公尺，必須塞下16人，這樣算來，每個人平均分配的寬度只有40公分，比一個瘦子的屁股寬度還窄，就算是挨次緊貼都很勉強，如果不是當時台灣人的身材都很瘦小，鐵道部這樣的設計，簡直就是虐待乘客，非常不人道。

　　根據鐵道部的統計，1908年全年營收旅客占44%，而貨物占了56%，可見當時縱貫鐵道仍然以產業運輸為主，至於旅客運輸因為票價甚高，一般台灣人也沒有旅行的閒情逸致，每天全線平均才7327人，這其中單單三等車就占了7103人，所以可以想見擁擠混雜的狀況。那麼當時有沒有婦女專用車廂呢？根據在桃園一帶所作的抽樣調查，2800名乘客中，女性只占242人，比例上還不到一成。當時女性並不像今天有通學、通勤，甚至旅行的需求，所以在比例上才會這麼少。1910年代鐵道部配合台灣神社祭典、圓山稻荷例祭、大稻埕城隍廟祭典、打貓大士爺祭典、嘉義城隍爺祭典、北港朝天宮祭典、基隆競艇等民族節慶，發售特別往復割引乘車券，以折扣優惠吸引民眾搭乘火車前往參詣或觀覽，也常常是一百年前台灣女性最初的鐵道旅行經驗。

　　1911年起，打狗—基隆間開始提供夜行列車服務，1912年開始基隆—打狗間晝間直通列車運轉，並且加掛一等食堂車。這時候往返南北的行旅也殷切期望火車可以提高速度，縮短旅行時間，於是1914年4月，將基隆—打狗間晝間的直通列車提高速度、減少停車站，改稱為「急行列車」，訂定「急行料金」開始發售「急行列車券」，並且將一般乘車料金調降，改採距離比例法計算。

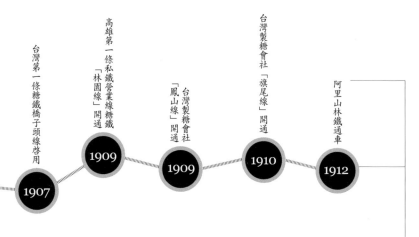

製糖會社五分仔車

台灣第一條糖鐵橋子頭線啟用 **1907**

高雄第一條私鐵營業線糖鐵「林園線」開通 **1909**

台灣製糖會社「鳳山線」開通 **1909**

台灣製糖會社「旗尾線」開通 **1910**

阿里山林鐵通車 **1912**

除了總督府鐵道部官營的「大火車」之外，由製糖會社私營的「五分仔車」也提供台灣中南部城鄉間不可或缺的交通服務。台灣第一條糖廠輕便鐵道，是1907年啟用的台灣製糖會社橋子頭線，接著鹽水港製糖新營鹽水間、明治製糖番子田佳里間、新興製糖鳳山林子邊間、台灣製糖鳳山小港間、大日本製糖斗南虎尾間、林本源製糖田中溪州間、大日本製糖虎尾土庫北港間、北港嘉義間、斗六製糖工場斗六間的輕便鐵道，也陸續在4年內開始辦理客運業務，並可與官鐵大火車轉乘聯運。

高雄地區第一條私鐵營業線「鳳山—林子邊（林園）」於1909年6月正式開業。這條後來稱為「林園線」的糖鐵，也就是現在的高雄市鳳山區鳳林路，與官鐵鳳山支線在鳳山停車場連絡，經由大寮、下寮、過溪、昭明、潭頭、到林子邊，全長18.5公里，由新興製糖株式會社經營。

接著，台灣製糖會社所經營的「鳳山—後壁林（小港）」營業線也於同一年10月開業。這條後來稱為「鳳山線」或「小港線」的糖鐵營業線，也是

深入中南部各個角落的製糖鐵道五分仔車。

以鳳山停車場為起點，但和新興製糖的林園線不共站，林園線是鳳山東站，小港線是鳳山西站，彼此不能銜接。路線經由西門、牛寮、佛公、二苓、到後壁林，全長8.9公里。

另一條在高雄地區也很重要的糖鐵營業線，是1910年開業的台灣製糖會社「九曲堂—旗尾」營業線，後來也稱「旗尾線」，從九曲堂與官鐵鳳山支線連絡，路線大致沿著現在的台22線省道，經由大樹、溪埔、嶺口、

尚和、大山、旗山到旗尾製糖所，後來也延長至美濃、竹頭角，全長39.4公里，是旗山美濃居民出入高雄的重要管道。

從美濃開出的小火車，客家人先上車坐滿一個車廂，另一個車廂卻空無一人。到了旗山之後，閩南人紛紛上車，大家彷彿約定成俗，各坐各的車廂，井水不犯河水，免得閩客見面分外眼紅大打出手。

糖廠小火車通常是幾輛客車和幾輛貨車混合編組，由蒸汽機車牽引，行駛的速度很慢，卻是當地民眾通勤通學的唯一交通工具。生意比較好比較有規模的路線，則是專開旅客列車，或是快車，甚至引進不會吐冒煤煙的汽油車。

日治時期各個製糖會社各據一方，有如藩鎮割據甘蔗原料區，彼此之間鐵道並不相通，卻可以銜接至台鐵的斗南、新營、南靖、大林、嘉義、鳳山、九曲堂、屏東等站，構成一個綿密的鐵道網路。台鐵扮演南北運輸主幹的功能，糖鐵則負責東西向深入鄉間的分支角色，兩鐵密切聯絡運送，民眾可以在虎尾糖廠買一張車票，在斗南轉乘台鐵大火車前往高雄，旅行相當便利。

除了糖鐵，在嘉義車站也可以轉乘阿里山林鐵，前往阿里山遊覽，或是繼續前往新高口，攀登比富士山還要高的新高山，也就是今天的玉山。阿里山本線全長約72公里，坡度非常陡，因此火車頭也有傘形齒輪和直立汽缸的特殊設計，為了克服山岳坡度，火車在獨立山像蝸牛般盤山展線而上，甚至在神木附近，還以之字形路線設計，讓火車反覆前進後退，一步一步爬上阿里山，因此乘客會有「阿里山火車碰壁」的錯覺，也因為火車上山速度緩慢，戲稱內急跳下車小便之

哈瑪星台灣鐵道館　第一篇　台灣百年鐵道歷史

阿里山森林鐵路是台灣最有名的觀光招牌。

後，還來得及追上登山小
火車。

當時鐵道部和各私鐵
之間的「連帶運輸」，除
了各家製糖會社線、阿里
山線、台中輕軌八仙山線
之外，也可以和自動車一
票直達花蓮，以及乘船前
往日本內地、朝鮮、滿洲
等地。

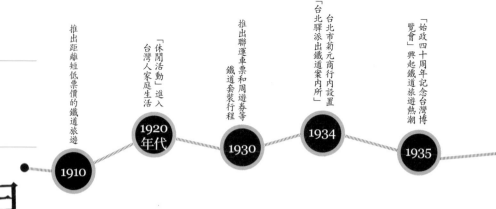

推出距離短低票價的鐵道旅遊

「休閒活動」進入台灣人家庭生活

推出聯運車票和周遊券等鐵道套裝行程

台北市菊元商行內設置「台北驛派出鐵道案內所」

始政四十周年記念台灣博覽會」興起鐵道旅遊熱潮

1910

1920年代

1930

1934

1935

日治時期的鐵道旅行

在沒有觀光局的年代，鐵道部就是觀光行銷的主導機關。只不過縱貫鐵道全通初期，絕大部分的台灣人尚不知旅行為何物，經濟能力也難以負擔，所以即使台北站前矗立著富麗堂皇的鐵道旅館（1945年因轟炸燒毀），那也只是日本貴族、台灣富商或外國人才玩得起的夢幻行程。倒是大稻埕霞海城隍祭、北港媽祖生日等祭典，鐵道部配合發售優惠套票和加開列車，是當時最熱門的庶民旅遊行程。1910年代開始推出距離短，票價相對便宜的行銷手法，也促成了台灣人利用鐵道旅遊的動機。

1920年代隨著經濟情況好轉以及社會風氣日漸開放，「休閒活動」開始進入台灣人的家庭生活，例如北部民眾夏季前往淡水和基隆大沙灣海水浴場，中部則有大安港和通霄海水浴場，南部為西子灣和灣裏海水浴場，這些地方都是搭乘火車很容易到達的近郊，鐵道部也就順勢發售「期間限定」和「地區限定」的7折到8折不等的優惠車票，甚至有些海水浴場（例如西子灣）就是由鐵道部直營，福隆浴場一直到1970年代都還是鐵路局「餐旅服務總所」的金雞母。

除了海水浴場旅遊行程外，鐵道部也依節氣推出各種「Special Event」套裝優惠行程，例如招徠民眾搭乘火車前往北投納涼、中秋節在花蓮港也有賞月列車，端午節的時候促銷划龍舟行程，這種30公里左右生活圈的近郊季節性旅遊，可說是台灣人最初的旅行經驗，也是當時最流行的旅遊方式。

1927年台灣日日新報辦了「台灣八景」票選活動，選出「台灣八景十二勝」，再把台灣人的旅行範圍，進一步擴大到全島。當時鐵道部所發行的旅遊書《台灣鐵道旅行案內》，就以縱貫鐵道為骨幹，台車軌道線、製糖會社線和高山鐵道為分支，把這些景點串連起來，提供完整的旅遊方案。1930年代之後，官方為八景十二勝規劃不同天數的套裝行程，提供外地人利用各種聯運車票和周遊券，觀看並體驗台灣風土民情。台灣人也以有生之年親自體驗此行程為目標。

1932年起，台灣經濟景氣逐漸好轉，工商企業活動日增，企業家南來北往的機會也愈頻繁；再加上台灣成為日本建設「南進政策」的基地後，也吸引愈來愈多的內地及海外人士來台視察及觀光。當時有計畫地以鐵道為中心，推展本島觀光事業。首先，1934年在台北市菊元商行內設置「台北驛派出鐵道案內所」，除辦理觀光旅行解說外，並委託販賣乘車券。接著1936年在台南林百貨店內也設置「台南驛派出鐵道案內所」、1938年在高雄市吉井百貨店內設置「高雄驛派出鐵

道案內所」，建構完整的旅行業務網路。此外，台南驛樓上也啟用了台南鐵道飯店，並發售島內遊覽券供觀光客使用，制定遊覽團體旅客的優待辦法，還在鐵道部內設置「台灣旅行俱樂部」。

1935年10月起為期50天的「始政四十周年記念台灣博覽會」，將台灣島內鐵道旅行推向最高峰。總督府為了宣揚治台政績，鼓勵各地民眾到台北參觀，特別發售全台各站往返台北的折扣票促銷，吸引了數10萬人前往參觀，整個台北城成了一個展示櫥窗，是戰前規模最盛大的博覽會，也是那個時代國民旅遊重要的集體記憶。

1920年代的高雄市區觀光地圖。

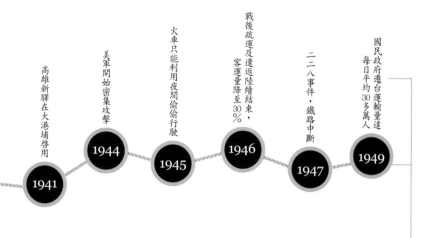

高雄新驛在大港埔啟用
1941

美軍開始密集攻擊
1944

火車只能利用夜間偷偷行駛
1945

戰後疏運及遠返陸續結束，客運量降至30%
1946

二二八事件，鐵路中斷
1947

國民政府遷台運輸量達每日平均30多萬人
1949

空襲下的死亡旅行

　　1941年6月高雄新驛在大港埔啟用，帝冠式的雄偉建築，象徵軍國主義勢力的抬頭。12月日軍偷襲珍珠港，正式發動太平洋戰爭，作為日本「南進基地」的台灣也被捲入這場戰爭。1942年中途島戰役之後，局勢開始反轉而下，戰爭逐漸迫近台灣外圍，海上運輸被美軍封鎖，台灣對海外聯絡切斷，重要生產設備也因為空襲而破壞，物價因物資短缺開始飆漲，台灣經濟面臨崩潰的危機。這時總督府推行包括交通動員、物資動員等計畫在內的「全面經濟動員」，積極動員島內一切人力物力以充實戰爭力量。不過到1944年的時候，工業經濟已幾近停頓，電力供應只剩七分之一，煤炭生產更是減少七成以上，許多鐵路列車因為煤炭燃料短缺而紛紛停開，連林邊—枋寮間11.5公里長的鐵軌也被拆下來，插在南部海岸防止美軍兩棲登陸。

　　到了下半年，美軍對台灣的轟炸愈來愈猛烈，尤其是重要軍事設施的鐵路站場和車輛更是炸彈瞄準的主要目標。10月間有3列行進中的火車遭到美軍機槍射擊，其中第17次列車，傷亡最為慘重，有22名旅客當

場被擊斃。當時的列車經常因空襲被迫停駛，1945年4月之後甚至到了晝間不敢有火車行駛的地步，只能利用夜間偷偷行駛。為了不被敵機發現列車蹤跡，還特別實施防空燈火管制，沿途號誌燈都必須遮蔽減光，火車頭加上偽裝，大燈也不敢打開，車廂內部微弱的燈泡必須罩上黑棉布，車窗一律緊閉，不准交談或發出聲響。火車摸黑在深夜中緩步前進，萬一敵機來襲，所有乘客必須跳車，躲進鐵路兩旁的草叢田埂掩蔽，生死由命，車內氣氛可說是既恐怖又緊張。

　　至於列車誤點、臨時變更或是因沒有機關車可用而取消列車等現象，更是這一年的常態，經山線的旅客列車每天僅5往復，海線及宜蘭線只有3往復，而一般支線則只剩上下午各1班。然而，終戰前那一段時間紊亂的時刻表完全僅能當作參考，因為連新北投支線和基隆—八堵間的宜蘭線鐵軌都被拆去當軍需物資了。

　　戰爭結束後，島內工商業凋閉，一般民眾疏散未歸，使得旅客人數每日不到11萬人。接收3個月後，戰時疏散各地的民眾紛紛返鄉，加上日僑開始集中遣送，1945年底時載客量已增加兩成。有一枚油印的「歸國台胞臨時乘車證」是由基隆市政府製發，專供搭船從日本回到基隆港的台籍留學生和僑民免費持憑乘車返鄉，展開另一段新的旅程。

　　1946年局勢大致安定，戰後疏運及遣返陸續結束，加上島內個人旅行及家族遷移者十分稀少，客運量降至30%。1949年大量國軍隨國民政府遷台進駐，2月時台鐵運輸達到每日平均30多萬人最高峰，偏偏這時大部分的車輛都因戰亂失修不堪使用，每班由僅有的客貨車廂

拼湊開出的列車都擠得像沙丁魚罐頭。當時幹線上行駛的列車,多會挑出一節三等車,指定作為「軍人專用車」,以減少軍人和平民混雜乘車的景況,不過事實上,只要車廂還有空間,大家就拚命往上擠,於是擠不進「軍人專用車」的阿兵哥也只好流竄到其他車廂。

　　根據統計,戰後初期客車輛數較日治時期減少四分之一,但旅客人數卻增加四成。車站秩序因人潮洶湧難以維持,車上也由於旅客擁擠紊亂而無法查票,更令車長頭痛的是無票小販和軍人橫行,許多老一輩的台鐵車長都有被軍人追著毆打的慘痛經驗。這時列車誤點已經成為家常便飯,如果偶爾有一班列車準點進站,還會被視為奇蹟呢!

　　戰後的混亂和衝突終於引發1947年的二二八事件,街頭風聲鶴唳,部分火車站受到打劫破壞,軍隊調動鎮壓強迫開車,造成一些鐵路員工被殺殉職。3月初鐵路行車極度紊亂,不是分段通車,走走停停,就是根本無法行車,南北交通中斷,一直到3月中旬才漸漸恢復。

美軍攻擊旅客列車,注意機關車的防空迷彩偽裝。

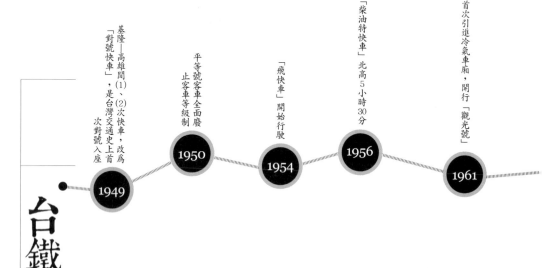

基隆—高雄間（1）、（2）次快車，改為「對號快車」，是台灣交通史上首次對號入座

1950 平等號客車全面廢止客車等級制

1954 「飛快車」開始行駛

1956 「柴油特快車」北高5小時30分

1961 首次引進冷氣車廂，開行「觀光號」

台鐵的黃金時代

　　1949年台鐵將基隆—高雄間（1）、（2）次快車，改稱為「對號快車」，這是台灣交通史上首次辦理對號入座，也是第一次出現「特快車」，可能是當時的接收人員覺得台鐵只有普通車和快車兩級，想把中國的「特別快車」也移植到台灣來，因此新製的木造特快對號車，雖然是以零碎材料克難拼造而成，還是特別花心思把車廂設計成當時大陸國家最拉風的圓頭流線形。

　　特快對號車登場初期，開辦預售對號車票業務。當時的預售制度和現在很不一樣，每一個停靠站預售時段都不一樣，例如起點的高雄站是前一日下午2～5時及當日開車前2小時起預售。會有這樣奇特的作法，在於當時各站間有調撥座位的制度，必須配合開車時間以電話聯繫作業。1949年11月11日起改訂對號車時刻表，北高間旅行時間縮短為8時50分，票價按普通車加七成，必須加購一張「特別快車加價票」，註明車次和座號，座號中的車廂編號是以「甲、乙、丙、丁、戊、己、庚」等天干代表，這種編位法一直沿用到1966年為了外籍人士的方便才改為現行的1、2、3等編號方式。

　　1950年起，師法中國大陸的特快車有西湖號、金陵

號等名字，台鐵也將第（1）次下行特快對號車稱做「成功號」，第（2）次上行特快對號車稱做「銘傳號」，以紀念開台名人鄭成功，和初創台灣鐵路的劉銘傳。同時也把首次以全列二等美援客車編成的（3）、（4）次快車稱做「平等號」，宜蘭線的汽油快車稱做「克難號」。這個時候的客車等級是區分作頭、二、三等，至於成功號、銘傳號等名號都只是專指某一區間的特別一班（對）列車，並沒有區別列車等級的意義。台鐵以名號區分列車等級是1961年觀光號登場之後才有的作法。

平等號客車的登場揭開了台鐵逐步推動「平等化」，全面廢止過去長達66年的客車等級制的序幕。所謂平等化就是將原來每列車掛有各等客車的編組方式，改成一列車只編掛同一等級的客車。根據鐵路局長的說法：「我們遵照憲法精神並根據業務統計，廢除客車等級，創我國鐵路之先例，實行平等號。並將平等號客座改用軟墊以增旅途舒適，增進大眾福祉。」

1951年開始將一對快車改為平等號美援客車編組後，1952年再將原來掛二等臥車的（5）、（6）次夜快車改以皮面彈簧軟墊客車編成，增發彰化台北間以軟墊客車編成的平等號快車。為了逐步完成平等化的目標，1953年台鐵自製全鋼體平等客車，將頭等、二等、三等臥車，分別改稱為單層、雙層、三層臥舖車，並全面取消客車等級，

普通列車全車以三等客車編成，快車以二等客車（平等客車）編組，特快對號車則以平等車和客廳車編組。

除了以蒸汽機車牽引的列車外，台鐵也陸續將戰前留下來的汽油客車改造為柴油客車，1954年9月起將台北—彰化間的運行時間縮短到3時12分，號稱「飛快車」（fleeting car），1956年再將日本進口的全新DR2500型柴油客車編成「柴油特快車」，以5小時30分夢幻般的速度跑完台北—高雄全程，從此台灣南北終於可以半天往返，比起原來特快對號車節省3小時20分的旅行時間。戰後經過10年的動員重建，從這一天開始，正式進入了特快車為號召的黃金20年，並致力於改善客車的乘坐品質。

1957年引進新式坐臥兩用椅客車，行駛特快對號車。到了1960年代初期，台灣工業從進口替代內銷轉向加工出口外銷，經濟開始飛躍發展，加上美國加入越戰後，將台灣當作重要的後勤基地，為了協助安排越戰美軍每年一次的海外休假，設立R&R（Rest & Relaxation）中心，單單1965～1966年度就有2萬多名美軍來台度假，為台灣賺進了可觀的外匯。在這樣的歷史和經濟環境下，提供了冷氣特快車登場的舞台，也把鐵路旅行帶進舒適化的階段。

當時電影院、理髮廳已經開始出現冷氣服務，公路局也首次引進金龍號冷氣巴士。台鐵在1960年從日本及美國引進柴油電氣機車，取代蒸汽機車頭牽引幹線快車，從此旅客坐火車過山洞就不會因煤煙而灰頭土臉。台鐵同時向日本採購裝有當時最舒適坐臥兩用椅的客車和餐車，並加裝車內冷氣，定名為「觀光號」特快車，全力推展鐵道旅

1966年創下台灣陸運最快紀錄的「白鐵仔」光華號。

行業務。

　　阿里山森林鐵路也配合政府發展觀光的政策，推出比對號快車高級的「中興號」特快柴油車。從觀光號和中興號開始，大家習慣把火車等級以名號來區分，這樣的習慣也適用在公路局的金馬號和金龍號客車。

　　觀光號特快車，除了裝設冷氣外，速度上並未有所突破，北高運行時間仍然要6個小時。直到1966年從日本引進DR2700型不鏽鋼輕量化柴油客車後，才創下新的紀錄。這批因銀亮耀眼的車身而被俗稱「白鐵仔車」的「光華號」，以4小時45分的運行時間，刷新10年前由柴油飛快車保持的北高間最快紀錄，成為1960年代台灣陸

1970年誕生的莒光號，遇見高鐵列車，鐵道旅行的面貌也有極大的不同。

地最快的交通工具。

　　光華號雖然是戰後最快的客車，但是由於車體輕量化的考量，捨棄了冷氣設備。雖然光華號沒有冷氣，而且座位狹窄，但是因為便宜又快捷，再加上台北高雄間的長途旅客還隨票附贈鐵路飯盒，使得光華號成為當時最受歡迎的列車，在南北高速公路通車前常常一票難求，甚至常有座位重號的情形，台鐵為此特別於1971年

試辦光華號客票附釘座號券的權宜措施。

　　1970年「莒光號」的登場，可說是1960年代台鐵黃金時期的最高峰。當時作為台鐵唯一優等客車的「觀光號」，雖然速度比不上較便宜的光華號，但是由於配備冷氣設備，後來竟成為受寵的車種，熱門班次幾乎班班客滿。但是觀光號一直存在車廂品質不一、座位狹小、冷氣不冷、速度不快等缺點。所以，為了取代逐漸老朽的觀光號，台鐵再從日本訂製新一代的優等冷氣客車。「莒光號」這型新車配備典雅的絨布坐臥兩用椅，座位寬敞，走道鋪設地毯，座位上方還有服務按鈴，玻璃窗也首次設計為大型密閉窗，在1970年推出時真是令人驚豔。莒光號無論是白色配淺藍色線條的高雅外表、典雅清爽的內裝以及昂貴的票價，都比觀光號和光華號「高級」一大截。所使用的淺紅色底紋車票，就和以前頭等車和客廳車票相同顏色。

　　1970年代，一般家庭尚未如今日富裕，坐火車都有特定目的，大多是出外求學、返鄉探親、入伍從軍，或是因公出差，而搭火車純旅遊就可能只有一生一次的蜜月旅行才有機會。

　　因此，長途列車上的服務，例如飛快車小姐、選茶包、倒茶水特技、分送鋁盒便當、買太陽餅、看暢流雜誌，都成了火車旅行津津樂道的回憶。而逢年過節前一兩個禮拜，帶著板凳、睡袋、撲克牌，在預售窗口前排成長長人龍搶票，也成了台灣出外學子和遊子共同的旅行記憶。然而，鐵路獨霸陸運一票難求的黃金年代，卻在1978年南北高速公路全線通車後畫下句點。

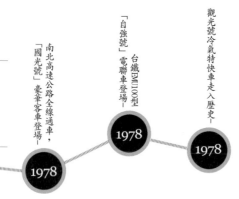

觀光號冷氣特快車走入歷史─

「自強號」電聯車登場─
台鐵EMU100型

南北高速公路全線通車，
「國光號」豪華客車登場─

1978　1978　1978

高速公路與起競爭

　　那一年，同樣是「十大建設」的鐵路電氣化工程，從基隆通電到彰化，施工期間改得亂七八糟的時刻和晚點現象，使得許多長途旅客對鐵路失去信心，紛紛轉而投向高速公路快速又新穎的「國光號」豪華客車，中程旅客則搭乘私人遊覽車。當時國光號半小時發車一班，北高中停西螺休息站，全程只需4個半小時，而且票價比莒光號還便宜，加上民眾對高速公路的新鮮感，使得國光號幾乎班班客滿。

　　高速公路開通後，小客車數量以每個月7千輛以上的速度大幅成長，許多家庭改變過去搭乘火車和客運巴士旅行的習慣，轉而自己開車。旅行方式產生重大轉變，台鐵不再是長途運輸唯一選擇。

　　配合西部幹線電氣化陸續完成，台鐵從英國引進的五節一組EMU100型「自強號」電聯車也迫不及待於1978年登場。這批最新的特快電車背負了許多人的期望，不僅具有美麗的外觀和豪華的內裝，高達120km/hr的速度更是前所未見的水準。

　　隨著電氣化工程逐段向南推移，自強號特快車於1979年7月1日在高雄車站舉行竣工典禮時，從台北一路

1996年之後成為台鐵城際運輸主力的Push-Pull自強號。　　來自英國,優雅的EMU100型自強號電聯車。

開到高雄,這一天也是高雄市升格為直轄市的重大日子。

快速又高貴的自強號登場之後,每次延長行駛到一個縣市,地方首長都會親自到車站燃放鞭炮迎接這班最拉風的新式列車蒞臨,旅客也紛紛留下車票,以搭乘過自強號為榮。當時台灣掀起了一股「自強崇拜」風,大家喜歡把覺得最好的東西一律套上「自強」的名號,冷氣巴士叫做自強公車,地方客運的新車也叫做自強號,私立學校最好的班級叫做自強班,似乎只要套上自強這個名號就表示是高級的象徵,這也算是台鐵自強號創下的另一項紀錄。

鐵路電氣化之後,台鐵的西線列車生態也跟著產生了很大的變化。首先是4個小時可以跑完台北高雄全程的自強號電聯車出現之後,沒有冷氣的光華號讓出原來扮演的長途特快車角色,班次被自強號取代,結束在西線奔跑13年的光榮歲月,降級為柴油特快車。1960年代被設定為發展台灣觀光旅遊王牌的觀光號冷氣特快車,也在1978年電氣化陸續通車後,因車輛老朽走入歷史。

花東與支線旅遊

台鐵在西部走廊因高速公路出現而節節敗退之後，卻因北迴鐵路和南迴鐵路相繼通車，而在東部開拓另一個新的市場。

和鐵路電氣化一樣也是「十大建設」，連結蘇澳到花蓮的北迴鐵路，於1980年全線通車，從此列車可以從台北直達花蓮，再換乘台東線窄軌火車繼續南行，對東部的發展有很大的影響。昔日肩負東西間接駁重任的蘇花公路聯運（台北蘇澳間搭火車、蘇澳花蓮間換公路局金馬號）也同時功成身退，圓滿劃下句點。

北迴線把東西部連接起來之後，很快的就成為台鐵最有人氣的「黃金路線」，其中最有名的是台北7:00開9:56到花蓮新站的（2001）次，和花蓮新站19:30開22:29台北到著的（2002）次柴對快直達車。昔日馳騁西線的光華號榮退後，竟然還在東部創下3小時之內從台北到花蓮的驚人紀錄。其實不只柴對快深受歡迎，北迴線幾乎每逢假日就一票難求，平日的客座利用率也常常超過100％，只要逢年過節就可以看到報紙報導東部民眾大排長龍排隊購票返鄉和大人小孩一起擠火車的慘狀。民眾也抱怨政府不重視東部，沒有把自強號開到東部來，

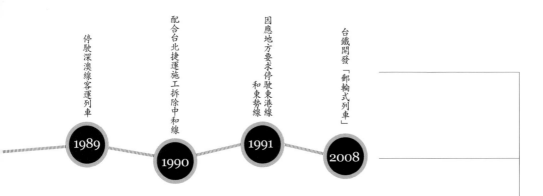

停駛深澳線客運列車

1989

配合台北捷運施工拆除中和線

1990

因應地方要求停駛東港線
和東勢線

1991

台鐵開發「郵輪式列車」

2008

　　於是台鐵從日本採購DR2800型柴聯車，也就是DR2700光華號「白鐵仔」的搭載冷氣版本，作為東部的自強號，從1982年開始運行於北迴鐵路。

　　台東線鐵路本來是製糖會社建設的窄軌路線，1982年拓寬軌距之前，花蓮兩端的火車是不同軌距的，北迴線軌距1067mm的列車無法進入花東線的762mm窄軌區間，乘客必須在花蓮換車，非常的不方便，因此台鐵把東線鐵路拓寬工程列入環島鐵路建設的重要項目。這個計畫是把原來的窄軌改成和西線一樣較寬的軌距，整個拓寬工程的困難是施工時仍須維持原有列車的正常運行，因此完工切換前可以看到在舊有鐵軌外邊還鋪設2條新鐵軌，總共4條鐵軌的奇景。

　　繼北迴和東拓完成後，1980年代也開始進行宜蘭線雙軌工程、屏東線雙軌電氣化工程、台北市區鐵路地下化和南迴鐵路新建工程。

　　1989年9月萬華─台北─華山間鐵路地下化完成，台北新車站也同時落成啟用，從此坐火車進入台北市區，不再有機會看到西門町一帶的平交道，和人來人往的中華商場，取而代之的是黑漆漆的地下隧道，原來的連續都市景觀脈絡斷裂了。走出像迷宮般的台北車站，還會失去東南西北的方向感。地下化的同時，也以義大利進口的EMU300型電聯車，增開（1019）次直達自強號，中間只停台南，創下北高3小時47分的最快紀錄。

花東與支線旅遊

　　繼北迴鐵路通車和東線鐵路拓寬完成後，環島鐵路網就只剩下南迴鐵路這個最後環節。南迴鐵路工程最困難的部分是長達8公里的中央隧道，這座台灣最長的雙線隧道從1984年挖到1991年才完成。南迴鐵路通車後，台灣鐵路終於連成一個大圓環，也成為全國最熱門的觀光旅遊話題，許多旅行團特別安排遊客在枋寮站搭上南迴鐵路火車，只留司機一人開著空的遊覽車前往台東接駁。南迴鐵路通車後，從枋寮到台東的自強號，只需要1.5鐘頭，平穩舒適又不會暈車，原本搭乘南迴公路國光號的乘客紛紛移轉到鐵路來，使得台汽公司南迴線大量減班。

　　就在環島鐵路網一一建構完成的時候，曾經擔負地方產業及運輸重任的支線鐵路卻面臨檢討裁撤的命運。

　　1980年代之後，隨著公路客運和自用小客車的發達，許多鐵路支線旅客人數大量流失，一班車常常只見司機和車長而不見乘客。長期入不敷出之下，台鐵從1988年起4年間，以一年一條的速度終結5條支線。首先是配合台北市捷運工程施工，而於1988年停駛淡水線，1989年再停駛深澳線客運列車，1990年配合台北捷運施工拆除中和線，1991

集集線是地方政府積極保留共同營運的成功案例。

年再因應地方要求停駛東港線和東勢線。不過東港線停駛當日，透過媒體的關注，湧入大量懷舊紀念的人潮，似乎喚起民眾對於地方支線鐵路價值的認識。

　　至於集集線，除了水里站以外，全部裁撤站員降等為招呼站，隨時有裁撤廢線的可能。這時民眾注意到集集線沿線獨特的綠色隧道和蛇窯，每逢假日大批遊客擠上集集線小火車，體驗鐵道旅行的風情，也帶來可觀的觀光人潮，於是地方民意代表和集集鎮公所積極介入保存集集支線，甚至還派自己的員工在集集車站代售車票，每年暑假還由南投縣政府舉辦盛大的「南投火車好多節」。集集線的例子，是地方聯手熱心推動，和台鐵合作經營，成為黃金旅遊路線的成功案例。

　　1990年代開始，台灣錢淹腳目，國民旅遊風氣大興，加上環島鐵路網的完成，使得花蓮台東旅遊線成為大熱門。北迴線和南迴線自強號班班客滿，於是旅遊業者乾脆包租整列高級車廂，開行「墾丁之星」和「溫泉公主」號專列。2008年台鐵迎合新興旅遊方式，開發「郵輪式列車」客製化旅遊行程，選用特別的車廂，或是蒸汽機車頭，沿途停靠風光明媚的小站，串聯知性之旅。同時，也配合自行車旅遊的風潮，改造火車車廂可以搭載腳踏車，開辦結合鐵路和鐵馬的「兩鐵列車」，頗受民眾歡迎，是目前最流行的旅遊方式。

1995

1999

2007

高速鐵路一日生活圈

　　台鐵之所以轉型推出以觀光旅遊導向的各式各樣列車，其實和1990年代中期的「開放天空」和2007年的高鐵通車有很大的關係。1990年代「開放天空」之後，國內航線百家爭鳴，展開激烈的競爭，其中以北高航線最為激烈，在檳榔攤販賣的機票約1200元，以1元機票促銷的瑞聯航空，更是低到600～800元間，比自強號的854元還要便宜，而且各家聯營，班次像計程車般密集，吸引許多原本搭乘自強號的長途旅客轉向航空。雪上加霜的是，1999年間國道客運紛紛使用三排座豪華車廂及低價策略招攬長途旅客，統聯還推出週間199元全省走透透的促銷方案，這種不可思議的低價當然對台鐵長途客運造成很大的衝擊。

　　不過，徹底改變台灣西部旅行方式的是，2007年通車營運的「台灣高速鐵路」。北高之間旅行時間再縮短為90分鐘，整個台灣西部成了「一日生活圈」，可說是1908年縱貫鐵道全通、1956年飛快車之後的第三次空間革命。

　　高鐵列車是改良自日本新幹線的700T型，每列車有12節車廂，其中第6車為商務車，第10～12車為自由座，每列車座位數將近1000個，尖峰時間每小時同向出發6～7班車，也就是每小時最多可以運輸7千人。可以想見，這麼大而快速

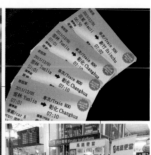

2007年通車營運的高鐵，將台灣帶進了一日生活圈，改變我們的生活方式。

苗栗、彰化、雲林這三個高鐵站開業後，到鄉間的旅行更方便了。

的運量，擔負台灣西部走廊城際運輸多麼重要的角色！

　　也因此，高鐵通車後，吸走了九成以上的商務旅客，北高、北南、北嘉、北中航線都立即走入歷史，台鐵的西部幹線也轉型為中短程區域運輸，現在自強號的旅客比例中，台北─高雄所占的比例已經不到一成。高鐵的票價，北高之間約1500元，是自強號843元將近2倍，然而，為了吸引商務旅客以外的市場，先後推出不同的優惠票價，例如離峰時間85折、早鳥65折等促銷方案，或是和博覽會、演唱會、台灣好行、飯店、租車組成套裝行程，再度帶動新一波國民旅遊熱潮。

　　值得注意的是，65歲以上資深國民享有半價優惠，加上高鐵旅行時間大幅縮短，及無障礙服務完善的誘因下，意外吸引許多原本不方便出遠門的銀髮族，利用高鐵前往台灣各地享受高品質的旅遊。來自海外的高品質旅行團和背包客，也多利用高鐵特別優惠的Pass周遊券往返北高、桃園機場、嘉義阿里山等景點。

　　高鐵通車之後，台灣人以300km/hr高速南北奔馳，觀看台灣的方式，也和100年前縱貫鐵道全通時有很大的差別，「體驗台灣」變得更多元、更豐富，未來的發展充滿許多可能性，非常值得我們期待。

第二篇
遇見哈瑪星台灣鐵道館

打開百年鐵道歷史記憶

　　「哈瑪星」是從日文「濱線（はません）」的語音轉借而來，「濱線」原是日治時期縱貫鐵路最南端緊鄰港埠，用來接駁碼頭倉庫貨物的鐵路支線。百年前，台灣總督府為改善港口運輸作業，前瞻性地在縱貫鐵道最南端設置了臨時打狗停車場，作為海陸轉運平台，獲得顯著效益，進而帶動日後填海造陸、打狗築港以及後續的市街開發，為港都高雄奠定深厚根基，1936年高雄州公布全新版本「大高雄都市計畫」，影響高雄市格局及發展近一百年，幾項重點包含：將高雄定位在重工業城市，以軍需工業為重點發展方向並整備為「南進基地」；另一項重點則是將市中心從原打狗停車場、哈瑪星東移至「高雄新驛」，並以高雄新驛為中心，利用環狀鐵道作為市區界線，串連沿線的工廠作為貨運輸送骨幹，這條市區環狀線，即是後來的「臨港線」系統（貨運專用線），自此「客貨分流」，高雄新驛以旅客業務為主；高雄港驛則專供貨運使用，以便與高雄港海陸聯運。

哈瑪星台灣鐵道館籌建歷程

　　「哈瑪星台灣鐵道館」坐落於駁二藝術特區蓬萊倉庫群，原為高雄港駁二碼頭旁的廢棄倉庫，緊鄰鐵道館基地旁的「打狗鐵道故事館」（前身為高雄港站），曾

（山形屋發行）　　　　　　庫關機及部一ノ壁岸港雄高　　（二十七）

高雄港岸壁及機關庫。

是高雄第一個車站，亦是縱貫鐵道南端的起點，南台灣現代化文
明的發源地，在歷史上別具意義。是以為呈現駁二藝術特區與鐵
道歷史園區特殊的時代意涵，高雄市政府文化局特於2014年4月
委請高雄市立歷史博物館著手策畫「哈瑪星台灣鐵道館」，基於
歷史景觀現地保留的原則，就地運用蓬萊園區舊倉庫空間，結合
外部鐵道園區實體景觀，重現台灣百年鐵道榮景，期透過結合鐵
道和歷史空間的再現與詮釋，讓來訪遊客得以獲得更深入的學習
體驗，進一步了解從哈瑪星鐵道園區到駁二藝術特區乃至於高雄
城市歷史及台灣鐵道發展的軌跡與價值。

　　依循此目標，策展團隊歷經長達半年文獻史料的蒐集、田野
調查、實地測繪及國內外鐵道主題相關案例的研究工作後決定以
縮尺模型動態運行的型式進行展演，並針對現今歐洲、美國及日
本相關鐵道主題館舍進行第二波的調查，逐步訂定展示策略及展

高雄新驛場景。　　　　　　　　　　高雄新驛歷史照片。

示架構，並依此為基礎展開後續相關規畫與執行工作。以鐵道為主題的展覽，其知識基礎通常建立在鐵道發展史相關論述之下，「哈瑪星台灣鐵道館」也不例外，展示脈絡係以哈瑪星在地歷史為核心，再延伸至台灣百年鐵道發展史，從國防、政治、經濟以及文明等面向，談鐵道如何從軍備、產業運輸的需求轉變為人民主要交通工具的發展歷程，及鐵道對台灣社會、產業、經濟、文明所帶來的種種影響。

　　不同於一般鐵道模型館強調虛擬世界的趣味性，本展著重於多元觀點的呈現，期望從不同角度探討台灣鐵道百年發展歷程，及鐵道歷史背後的人文意涵，滿足不同觀看對象的需求，因此在展示詮釋的策略採取深入淺出，盡可能兼顧學術依據，和大眾生活圖像與集體記憶做有趣的連結，另輔以能實際操作的互動式裝置說明鐵道運行原理，更帶入鐵道旅行的軟性元素，讓民眾在享受娛樂之際，也能接收到歷史、社會、科技、人文等知識的傳遞。

鐵道場景模型考驗時空感受

　　製作大型鐵道場景模型，必須從民眾觀賞角度和距

離思考場景型式的配置，常見的場景配置型式有中島式及變形蟲
式兩大類型，傳統中島式配置的優點在於單一的參觀動線，卻也
因為配置過於集中而缺乏層次變化，及觀賞距離過遠引發不易觀
看的問題，有鑑於此，策展團隊捨棄中島式配置，改採變形蟲式
展檯設計，除可增加場景面積與模型軌道長度外，在造型與動線
的規畫上也顯得更為多元。在車輛軌道配置方面，以台灣南北縱
貫鐵道路線作為主軸線，另輔以糖鹽林礦等8種鐵道延伸至各個
區域，破除時空隔閡將地理區位由南至北重新配置，融合1940年
代迄今的鐵道歷史，述說鐵道沿線產業與文明的發展軌跡與在地
經典景緻。前述配置工作看似已經完成，但落實到執行面時才發
現有其困難，首先從展示詮釋的角度來說，「時間觀」通常直接
影響展示的呈現，擔任說故事的物件不僅具有「時間」的特質，
更體現了「空間」的重要性，物件透過時間的參與及加持後，將
發展出不同於原本的角色、功能與詮釋意義。

　　本展主要物件有二：分別是代表流動時間的動態車輛模型，
及代表固定時空的場景模型，為詳實呈現鐵道車輛的演進歷程，

特別挑選各時代經典客貨列車編組約30組，透過車輛行控系統於設定時間內循環運行於特定路線和場景之間；場景模型則是鐵道沿線橫跨百年代表不同時代背景的鐵道建築，惟前開兩者可能因歷史時序或物件與時空的交錯產生衝突，造成觀眾理解上的困擾或誤解。尤其動態展演必須在有限空間內，既維持地理區位的相對性，又要合理配置遍及全台灣和跨越不同時代的經典場景幾乎不可能，為此軌道與場景團隊歷經一年不斷溝通與調整，決定參考語言學家索緒爾（F.de Saussure）提出的共時性與貫時性的科學觀來解決上述問題，通常貫時性多用來建立起展示故事的主幹，共時性則是支幹，但在必要時，共時性支幹亦可延伸到另一展示主題，成為另一個次主題架構。

策展團隊嘗試將此論述應用於展示故事線的發展，展示軸線仍架構在鐵道歷史的時序上，利用鐵道沿線具代表性的建築場景作為點狀基礎，例如車站或代表性建物，再以此為中心往外延伸接續其他鐵道建設來串連周邊景觀，惟此舉勢必得打破原有的歷史時序與空間性關係，此時再透過劇場式聲光展演技術來合理展示脈絡，利用燈光效果及色溫的變化並加入音效，於特定時間內

車輛於設定時間內循環運行於特定路線和場景之間（王錦河攝）。

聲光效果前。 聲光效果後（王錦河攝）。

循環變化從清晨到黑夜不同時序的氛圍來強化展示的空間與時間性，盡可能調整並合理化各場景與地理方位的相對關係。

　　另一方面，在考量模型所能容納的最大空間尺度後，在鐵道模型規格的選擇上決定捨棄國內與日本常見的N規（1：150）模型比例，改採歐美較為常見的HO（1：80）規格，相信較大比例模型應更利於民眾觀賞，也有助於場景與車輛的層次表現，此種時空錯置與虛實交錯的展演型態，意外創造出更豐富多元的戲劇張力。除了場景配置的困難，在軌道與車輛的規畫與執行上同樣面臨極大的挑戰，不僅要因應各式列車運行，還必須克服軌道彎度、平整度、爬坡限制及車輛穩定性與行控調度等製作和運行種種技術上的問題。

　　經過逾時二年從籌備、規畫、到最後成形的艱辛過程，「哈瑪星台灣鐵道館」終於在2016年6月開館，展館由B8及B7兩棟倉庫串連而成，其中B8倉庫為鐵道歷史展示解說區，運用大量互動式裝置說明鐵道歷史發展演進與車輛動力原理，B7倉庫為鐵道模型動態展演區，結合劇場聲光效果共同展演台灣鐵道百年文明發展軌跡，亦是本書的重點。「哈瑪星台灣鐵道館」總共歷時10950工時製作，動員300多人次，場景範圍逾百坪總計10個展區，軌道總長度超過2公里，運行路線含括南北縱貫線等4大主線

及糖鹽林礦等8種鐵道，30餘款車輛組成的經典鐵道客貨
列車模型，配合展演設計動態運行交會穿梭於近250處經
典場景之中，帶領民眾跨越時空，環島遊歷全台大城小
鎮，透過時間和空間的交錯與轉換，回顧台灣從日治時
期迄今，鐵道沿線各個地方的這些人那些事，展示手法
為台灣首見，整體規模亦堪稱亞洲最大。

百年鐵道，重返榮耀

多少年來，哈瑪星地方產業經濟的興起、頹圮和復
甦交織著聚落與人之間的牽連互動，對當地居民而言，
「鐵道」與「哈瑪星」不僅是文字上的書寫轉換，對不
同世代的人都存在一種特殊的情感，除了見證產業與運

輸系統發展的變遷，更述說著台灣人的集體記憶，並逐
步轉化成蘊含高度歷史感的象徵意義。高雄市政府文化
局期盼藉由「哈瑪星台灣鐵道館」的成立，逐步匯集鐵
道資源重現百年鐵道園區的歷史願景，結合鐵道館周邊
豐富的鐵道遺跡與歷史氛圍，串連駁二藝術特區共同打
造成為兼具歷史、文化、教育及創意產業的鐵道博物館
園區，邀請大眾一同認識歷史的過往，繼續追尋和刻畫
專屬於這塊土地承載的記憶與情感，再創哈瑪星與鐵道
園區昔日的輝煌與榮耀。

哈瑪星台灣鐵道館 場景導覽圖

● **Zone1 高雄哈瑪星海陸聯運及現代化運輸**

焦點場景

1.1 高雄港驛
1.2 高雄港扇形車庫
1.3 北號誌樓
1.4 南號誌樓
1.5 哈瑪星聚落
1.6 高雄港
1.7 臨港線
1.8 高雄市役所
　　（今高雄市立歷史博物館）
1.9 苓雅寮大橋（今愛河舊鐵橋）
1.10 玫瑰聖母聖殿主教座堂
1.11 高雄新驛（今高雄車站）
1.12 鳳山縣舊城、春秋閣
1.13 高雄捷運
1.14 西子灣捷運站
1.15 輕軌哈瑪星站C14
1.16 輕軌光榮碼頭站C10

往B8倉庫

Zone1
高雄哈瑪星海陸聯運
及現代化運輸

Zone2
嘉南鹽糖聯運與
阿里山林鐵

Zon
產業
與水力

● **Zone2 嘉南鹽糖聯運與阿里山林鐵**

焦點場景

2.1 台南車站
2.2 嘉義車站
2.3 七股鹽場與鹽糖聯運
2.4 東太子宮站
2.5 烏樹林車站
2.6 阿里山螺旋式與之字型路段
2.7 北門車站
2.8 嘉義製材所
2.9 閩南式三合院
2.10 媽祖信仰

● **Zone3 產業支線與水力發電**

焦點場景

3.1 集集支線（二水—車埕）
3.2 二水車站
3.3 濁水溪鐵橋
3.4 集集車站
3.5 彰化扇形車庫

● **Zone4 海線與經典木造車站**

焦點場景

4.1 追分站
4.2 日南站
4.3 新埔站
4.4 大山站
4.5 談文站

● **Zone5 舊山線奇景：隧道與橋梁**

焦點場景

5.1 勝興車站
5.2 橋梁與隧道群
5.3 魚藤坪橋
5.4 內社川橋
5.5 大安溪橋
5.6 泰安車站
5.7 台中車站

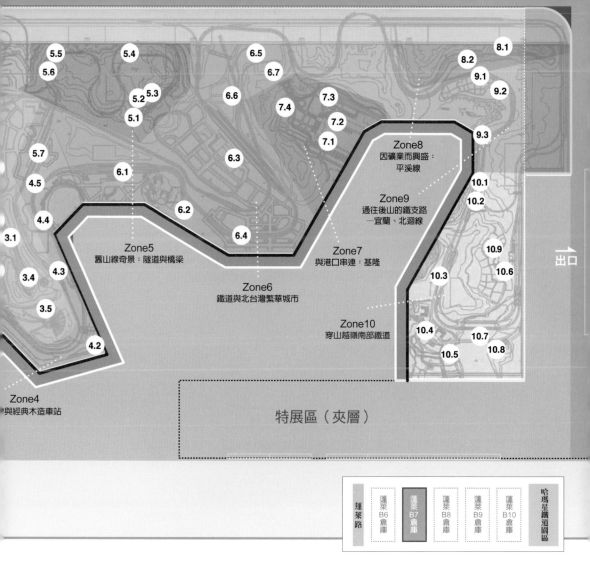

特展區（夾層）

| 蓬萊路 | 蓬萊B6倉庫 | 蓬萊B7倉庫 | 蓬萊B8倉庫 | 蓬萊B9倉庫 | 蓬萊B10倉庫 | 哈瑪星鐵道園區 |

⬤ Zone6 鐵道與北台灣繁華城市

焦點場景

6.1 新竹車站
6.2 新竹閩客混居聚落
6.3 台北車站
6.4 中華商場
6.5 淡水站
6.6 北淡線月台
6.7 新北投站

⬤ Zone7 與港口串連：基隆

焦點場景

7.1 基隆港埠
7.2 西岸碼頭
7.3 基隆車站
7.4 中山高速公路起點

⬤ Zone8 因礦業而興盛：平溪線

焦點場景

8.1 十分車站
8.2 平溪車站

⬤ Zone9 通往後山的鐵支路—宜蘭、北迴線

焦點場景

9.1 宜蘭線（八堵—蘇澳）
9.2 北迴線（蘇澳新—花蓮）
9.3 蘇花斷崖

⬤ Zone10 穿山越嶺南部鐵道

焦點場景

10.1 臨海景觀
10.2 多良站
10.3 嘉和遮體
10.4 客家聚落（屏東線：高雄—枋寮）
10.5 菸業場景
10.6 九曲堂車站
10.7 下淡水溪（舊高屏溪）鐵橋
10.8 三和瓦窯
10.9 熱氣球嘉年華

第三篇
重現台灣百年鐵道風華

Zone ① 高雄
哈瑪星
海陸聯運及現代化運輸

- 場景年代　1940年代＆當代
- 展示主題　鐵道與海運（1939～1944年）
　　　　　　現代化鐵道運輸系統（2007年～）
- 行政區域　高雄

高雄港空照圖。

　　高雄舊名打狗，由臨近海濱聚落逐漸發展為漁村，1863（同治2）年，在天津條約規定下開放為對外通商口岸而成國際港口，1899（光緒25）年台灣總督府著手興建南北縱貫鐵道，並在台灣島南北二端興建港埠，1908（明治41）年縱貫鐵道全線通車，南端終點站打狗（高雄）擔負起海陸聯運的樞紐，同年展開築港工事，以淤泥填築出七萬坪海埔新生地「湊町」（哈瑪星），並利用濱線鐵道銜接縱貫鐵道與港埠間，已初具鐵道陸運與船舶海運聯運機制，自此「海陸聯運」成為打狗驛的一大特色。

　　2007年，台灣高速鐵路通車重新定義南北一日生活圈，三鐵共構站體聯運的高鐵左營站與台鐵新左營站，再結合高雄捷運及環狀輕軌系統，高雄市躍升為運輸便利城市。

高雄港驛與周邊聚落。

高雄港驛前（謝明勳提供）。

高雄港驛

 年代 1940s（美軍空襲以前）｜行政區域　高雄

　　高雄港驛位於縱貫線南端，基隆起405.9公里處。日治初期因應軍事行動及接收作業之需，首先興建「打狗－台南網簑社輕便線」，隨後興建縱貫鐵道，鐵道部技師長長谷川謹介採用「速成延長主義」，由南北二端分頭同時進行，南部線由打狗（高雄）開始，先設立臨時打狗停車場，作為鐵道工事物資運送調度之首站，往北開通路線，1900（明治33）年舉辦南部線通車慶祝儀

高雄港驛。

↑高雄港驛全景。
→高雄港驛月台及站務員。
↘高雄港驛具有2座月台，並以
天橋相連，顯現縱貫線上大站的
規模（串門文化提供／顏博政收
藏）。

式，即打狗—台南間正式通車。

　　隨著縱貫鐵道全線通車及配合打狗港埋立地（填
土造陸）工事，將原臨時打狗停車場南移至今日高雄
港站附近，更名為打狗停車場，1908（明治41）年啟
用，1941（昭和16）年時高雄新驛完工啟用後，此站
改為高雄港驛，卻不幸在二戰時遭美軍空襲炸毀。

　　高雄港驛於1946年後重建，2008年裁撤，2010年
被指定為歷史建築「舊打狗驛」，同年起由中華民國
鐵道文化協會進駐經營「打狗鐵道故事館」。

高雄港扇形車庫
（洪致文提供）。

高雄港扇形車庫

年代

1940s（美軍空襲以前）｜行政區域　高雄

　　　高雄港驛內設有一座16股的扇形機關庫。由現存台
灣總督府公文（1914年）的打狗停車場設計圖，可推測
高雄港扇形車庫約建於1912～1914（明治45至大正3）
年，為因應打狗地區鐵道營運及維修整備需求，於臨時
打狗停車場南遷至新址時興建此機關庫。因史料稀少，

扇形布局的機關庫，
全盛時期應為16股。

1944年美軍轟炸前空照圖測繪圖，圖中高雄港扇形車庫清晰可見。

無更詳細資料，不過由二戰時美軍空照影像推測應為16股，北側4股、中間9股、南側3股。高雄港扇形車庫於二戰期間遭受美軍空襲損毀部分建築，於1993年拆除。

北號誌樓。

南、北號誌樓

年代 1940s（美軍空襲以前）｜行政區域　高雄

　　高雄港驛於1908（明治41）年啟用，擴增站場與6股濱線，因應車輛調度需求，於北側與南側各設有一座號誌樓，控制整個站場的進出路徑。

　　北號誌樓原地保留，南號誌樓2002年因興建捷運西子灣站而拆除。

南號誌樓。

高雄港驛的北號誌樓，是全台灣最後一座機能完整的機械聯動號誌樓。（古庭維攝）

哈瑪星聚落。

哈瑪星聚落

年代 1940s（美軍空襲以前）｜行政區域　高雄

　　配合第一期築港工事，日人將疏浚打狗港航道的淤泥填築出七萬坪海埔新生地—湊町（哈瑪星），「哈瑪星」為日文「濱線」鐵道（はません）一詞的轉化，碼頭與鐵路造就了這塊繁榮街町，曾是高雄最多日人定居之地，南台灣中最早進入現代化的區域，也是移民人口踏入高雄的起點。

VIEWS OF THE BUND "MINATO-MACHI" TAKAO.
（高雄）高雄市港大の町湊附近の眺望

日治時期湊町（今哈瑪星）。

高雄港埠與周邊聚落。

日治時期高雄港。

高雄港內各式船隻往來繁景。

高雄港

年代

1940s（美軍空襲以前）｜行政區域　高雄

　　高雄舊名打狗，原為平埔聚落活動之地，現代化築港前為潟湖。台灣總督府為擴張打狗港埠吞吐能力，於1901（明治34）年，派遣技師川上浩二郎進行打狗第一回港灣調查，1904（明治37）年配合打狗停車場擴張計畫，進行埋立地（填海造陸）評估；後於1906（明治39）年，指派技師山形要助進行第二回港灣調查，同年開始第一期築港工事，1912（明治45）年完工。第一期

屬於速成工事，吃水深度約5～7公尺，以提供
1500～3000噸船隻停泊。

　　第二期築港工事於1912～1937（明治45
至昭和12）年進行，擴港工事主要為增設防波
堤、濬深外港航道、擴充內港設施、增加埋立
地面積、擴張碼頭及加長今蓬萊商港2～10號碼
頭長度，疏濬高雄川（今愛河），預計可提供
10000噸船隻停泊，港埠水深達9公尺。後雖有
第三期築港工事，然因進入二次大戰工事大多
停擺。

　　高雄港在日治時期已具現代化港埠初型，
期間歷經二次大戰空襲受損，戰後陸續修復，
今日模型呈現的是二戰空襲前的輪廓。

高雄港岸壁線。

港口貨物搬運。

高雄港表岸壁線。

日治時期高雄港岸壁
（鄭喬維提供）。

高雄港岸壁倉庫

1940s｜行政區域　高雄

　　高雄港歷經第一期及第二期築港工事，化身為現代
化港埠，吞吐能力大為擴增。二次大戰之前，曾創下進
出貨運量達到320萬噸，其中以砂糖輸出100萬噸為最大
量，次為米穀的22萬噸。為因應海陸聯運需求，於碼頭
旁設置天車吊臂以吊運貨物，並沿著第一岸壁及第二岸
壁興建木造及磚造倉庫數十棟，以供貨運貯放與轉運，
現存的岸壁倉庫應多為戰後重建。

高雄港岸壁倉庫及臨港火車頭。

高雄港岸壁及濱線鐵道。

臨港線

年代

1940s（美軍空襲以前） | 行政區域　高雄

　　1936（昭和11）年公布的大高雄都市計畫，市中心
由打狗停車場及哈瑪星東移至高雄新驛，並以高雄新驛
為核心，利用環狀鐵道作為市區與工業地界線，串連沿
線工廠成為貨物運輸骨幹。自此「客貨分流」，高雄新
驛以旅客業務為主，高雄港驛則專供貨運使用，以便與
高雄港海陸聯運。此環狀貨物專用鐵道即是後來的環狀
臨港線（與今水岸輕軌路線大致相同）。

內陸港口全景。

高雄市役所。

高雄市役所（今高雄市立歷史博物館）

1940s（美軍空襲以前）｜行政區域　高雄

　　1924（大正13）年，高雄地方行政單位由高雄街升格為高雄市，高雄市役所設於湊町4町目（今鼓波街代天宮）。1936（昭和11）年，擬定大高雄都市計畫，將市役所遷建於高雄川（愛河）旁，並於1939（昭和14）年啟用，建築風格與1941（昭和16）年啟用的高雄新驛類似，屬帝冠式建築，主要特色為中央塔樓具東方屋頂。二次大戰後，改為高雄市政府，直到1992年市政府遷移至苓雅區後，於1998年改為高雄市立歷史博物館至今，2004年公告為市定古蹟。

日治時期高雄市役所。

苓雅寮大橋。

苓雅寮橋（古庭維攝）。

苓雅寮大橋（今愛河舊鐵橋）

年代 1940s（美軍空襲以前）│ 行政區域　高雄

　　苓雅寮大橋是溝通鹽埕、哈瑪星及苓雅寮的要道，在第二期築港工事完竣同年，因中日戰爭致軍事運輸需求大增，日方隨即展開第三期築港工程，進行港灣岸壁工事的調整，及跨越高雄川鐵路與鐵道橋的鋪設。苓雅寮大橋是一座下承鋼鈑橋，從橋柱及帽梁預留的結構推測，原來應是雙線鐵路大橋，但是從開通至今卻只見單線鋼鈑梁。

玫瑰聖母聖殿主教座堂

年代 1940s（美軍空襲以前）│ 行政區域　高雄

　　玫瑰聖母聖殿主教座堂初建於咸豐年間，由西班牙籍傳教士郭德剛（Rev.Terdirand）及洪保祿神父（Rev.Angel Bofurull,O.P.）二位神父來台灣傳道時所建，是台灣第一座天主教堂。1860年進行第一次改建，並定名為「玫瑰聖母堂」。現存的玫瑰聖母堂為1931（昭和6）年重建完成，聖堂採歌德式建築，聖母堂中央祭台供奉聖母像，聖壇上的神龕、神桌具有精巧雕工，為台灣最富裝飾藝術的教堂。

　　玫瑰聖母堂完工至今雖有整修，大致上仍維持昭和年間的樣貌。

日治時期玫瑰聖母堂（串門文化提供）。

玫瑰聖母聖殿主教座堂。

高雄新驛（今高雄車站）

　　1936（昭和11）年配合新版「大高雄都市計畫」，縱貫線由高雄延伸到枋寮的屏東線通車，擇於三塊厝驛東側「大港」設立高雄新驛（今高雄車站），1937（昭和12）年12月15日午前11時舉辦地鎮祭（動土典禮），1941（昭和16）年6月20日，由台灣總督長谷川清主持車站開業式（啟用典禮）。

　　2002年，因應鐵路地下化及與捷運共構使用，先將站體往東南方向搬移82.6公尺，2003年時被指定為歷史建築「高雄火車站」，同年以高雄願景館開放參觀，2013年起為高雄鐵路地下化展示館。

光復初期高雄車站。

高雄車站前的總統與市長。

高雄車站前候車亭。

鳳山縣舊城（陳皇志攝）。

鳳山縣舊城、春秋閣

年代 1950s｜行政區域　高雄

　　鳳山縣舊城位於今高雄左營蓮池潭西南方，原為康熙年間興築之鳳山縣城所在，初為土造結構，後改為石造，原舊城因地名左營，故稱為左營舊城。鳳山縣舊城東北方為蓮池潭，有多座宗教建築矗立，春秋閣於1950年代即已設立，為當時知名地景。

　　鳳山縣舊城範圍包含東門、南門、北門、城牆護城濠等，建城後因都市計畫或軍事需求，多有拆除或修改，春秋閣則大致維持原設計。

鳳山縣舊城區。

鳳山縣左營舊城南門。

50年代的春秋閣。

春秋閣。

美麗島穹頂（陳皇志攝）。

西子灣捷運站月台。

高雄捷運美麗島站。

高雄捷運

年代　當代｜行政區域　高雄

歷史脈絡

　　美麗島站為高雄捷運紅線與橘線交會車站，命名由來為1979年於此地發生的社會民主運動美麗島事件。站體由日本建築師高松伸設計，依著地面圓環，規畫四側以金屬桁架上覆玻璃帷幕為出入口之設計，2008年完工，並在2011年獲得美國旅遊網BootsnAll，評選為全世界最美的地鐵站之一。

環狀輕軌線。

哈瑪星站。

光榮碼頭列車進站。

環狀輕軌線

年代

當代｜行政區域　高雄

　　以現代化新思維整體規畫之高雄輕軌系統，目的在提升高雄地區大眾運輸系統整體使用率，並在高雄捷運紅、橘兩線的基礎路線下，建構南北與東西向十字相交路網之環狀線，以強化大眾運輸系統整體動線網絡與接駁轉運，串連高雄亞洲新灣區多元化的港灣建築群，開創大高雄都市軌道運輸服務新格局。至2016年底尚在興建中，部分路段已開放營運。

嘉南鹽糖聯運與阿里山林鐵

- 場景年代　1930～1970年代
- 展示主題　產業支線─鹽鐵、糖鐵與林鐵
- 行政區域　台南、嘉義

阿里山鐵道運材列車
（國立台灣大學圖書館藏）。

　　台南至嘉義區間有三大知名產業鐵道：鹽業、糖業及林業鐵道，皆是基於地方物產運輸需求興建。嘉南濱海地區因潟湖地形與日照充足適合晒鹽，早在日治時期製鹽產業即相當興盛；平原地區適合種植甘蔗，製糖產業因應而生，為提升兩大產業產能與運輸效率，在台南佳里站以轉運或聯運方式與縱貫線主線交織形成綿密的鹽糖聯運網絡。

　　阿里山鐵道為世界登山鐵路之一，早期扮演阿里山林業開發運載的重要角色，為解決地形、坡度及運輸木料問題，發展出特殊的螺旋式（Spiral route）及折返式（Switch back）工法因應，相較同為台灣三大林場的太平山林場與八仙山林場，阿里山林場的產量及鐵道的特殊性，使其具有獨特魅力與高知名度。

鹽糖聯運系統。

台南車站。

第1代台南車站（國家圖書館藏）。

第2代台南車站（國家圖書館藏）。

台南車站。

台南車站

年代 1960～1980s｜行政區域 嘉義

歷史脈絡

　　1900（明治33）年第1代台南車站完工，為木造站體。因使用多年多有損壞，1936（昭和11）年改建完成第2代台南車站，本體為鋼筋混凝土造2層樓建築，1樓以鐵路營運為主，2樓為鐵道飯店，是當時唯一具旅館功能的車站，戰後改名為鐵路飯店另增設鐵路餐廳，惟不敵時代潮流，1965年旅館部歇業、1986年鐵路餐廳亦停止營業。今台南車站為第2代台南驛沿用至今，1998年指定為國定古蹟。

嘉義車站。

第2代嘉義車站
（國家圖書館藏）。

嘉義車站

 年代
1960～1980s｜行政區域　嘉義

　　嘉義車站於1902（明治35）年完工開始營運，此
時以木構造為建築本體。隨著嘉義市的繁榮，逐漸不敷
使用的站體，於1932（昭和7）年開工興建第2代車站，
1933（昭和8）年7月30日舉行落成典禮，站體為鋼筋混
凝土造。1945（昭和20）年，二戰末期，車站遭到美軍
空襲，車站部分受損，於1949年修復，後又將外觀立面
上色，改變建築顏色，加上了電子鐘以及「嘉義車站」
四字。1998年被指定為縣（市）定古蹟。

人力三輪車。

七股鹽場。

七股鹽場與鹽糖聯運

年代 1960～1980s｜行政區域　台南

歷史脈絡

　　七股鹽場為日治時期開闢，戰後由國民政府接收，由台鹽負責管理，為土盤集中式工業鹽田，占地約1800公頃，曾是台灣最大的鹽場，主要供應國內農工業用鹽。因晒鹽不符經濟效益，遂於2002年廢曬，結束長達338年的晒鹽歷史。

　　許多鹽場為了搬運、集中鹽場的鹽，會在鹽場鋪設鐵道，七股鹽場亦有長達29.5公里鐵道，鹽貨藉由佳里糖廠的原料線輸送轉運，或連接至麻豆糖廠改走台鐵隆田站至高雄港出口，形成有趣的鹽糖聯運模式。

耙鹽。

七股鹽場機關車庫（鄧志忠攝）。

七股機車庫與轉運站。

東太子宮轉運站（古庭維攝）。

東太子宮轉運站。

重現台灣百年鐵道風華

以傳統人工耙鹽（陳皇志攝）。

以傳統人工收鹽。

運鹽列車。

烏樹林車站

　　隨著1902（明治35）年台灣製糖株式會社橋仔頭第一工場設立引入新式製糖技術，帶動許多新式製糖會社陸續成立，並為了原料運輸之便鋪設專用線，糖業鐵道全線採762mm軌距，屬窄軌的輕便鐵道，全盛時期鐵路長度高達3千餘公里。日治時期糖業鐵道分屬不同製糖會社所有，無法做南北向運輸。戰後台灣糖業公司接收統一管理，1950年韓戰爆發時，國民政府為避免縱貫線若遭轟炸造成南北交通中斷，及基於國防戰備需要，決定串連台中至高雄旗下28間糖廠鐵路修建「南北平行預備線」，使中南部糖鐵成為四通八達的鐵道系統。

　　烏樹林製糖所（烏樹林糖廠），早在日治時期即設有多條私設鐵道，其中糞箕湖線即為烏樹林庄至糞箕湖庄，相當於現在的烏樹林到白河段，另有通往菁寮、竹子門（今台南竹門）、蕃社（今東山）等原料線路。糖廠於1983年結束製糖業務，現保留糖業遺址及人文景觀，轉型為融合教育、文化及休閒功能之園區。

台糖南北線（南北平行預備線）鐵路站場（洪致文提供）。

甘蔗收成。

阿里山林業鐵道

年代 1960～1980s｜行政區域 嘉義

歷史脈絡

　　阿里山林業鐵道是為了開發阿里山林業資源建造的產業鐵道。1899（明治32）年，技手小池三九郎深入阿里山區調查，發現廣大的原始檜木林，總督府遂開始規畫開發阿里山。由於當時正在鋪設縱貫鐵道，需要大量的木材，官方與民間對阿里山木材的運出皆寄予厚望，殖產局、鐵道部及民間相繼派員深入山區調查並提出經營方案。1902（明治35）年，總督府特命林學博士河合鈰太郎踏查阿里山，發現林相優美，材質優良、蓄

170

中興號停靠奮起湖月台。 奮起湖月台。

積豐富，力稱經營有望。1903（明治36）年總督府決定
阿里山森林的經營方針，著手測量森林的蓄積量與鐵道
線。1906（明治39）年，總督府將阿里山的經營開發委
託大阪民間公司合名會社藤田組負責。1907（明治40）
年嘉義至竹頭崎（竹崎）路段試運轉。1908（明治41）
年初，藤田組因資金不足而宣告開發中止。1910（明治
43）年阿里山森林經營事業改為官營，接續興築阿里山
鐵道。1912（大正元）年12月，嘉義驛至二萬平正式完
工通車。1914（大正3）年鐵道終點延伸至沼平站。

阿里山登山鐵道沿線小販。 阿里山神木（國立台灣大學圖書館藏）。

螺旋式與之字型路段

　　阿里山林鐵為克服地形問題，自樟腦寮站起，上山的列車繞著獨立山攀升，順時針繞兩圈，最後打一個8字形駛出獨立山，海拔高度上升了205公尺。獨立山路段4公里多的里程中，通過11座隧道，隧道總長度就占了約2.3公里，興築時被稱為「難工事中之難工事」。此外，阿里山鐵道從里程60.5公里的屏遮那至二萬平之間，為了克服短距離內極大的高度落差，採用折返式路線。此路段於1911（明治44）年8月動工，1912（大正元）年12月完工。1913（大正2）年二萬平至神木間通車，1914（大正3）年沼平驛啟用。折返式路線為解決險峻地形不容許軌道迴旋的問題，原本機關車在後方推動列車上山，到了轉折點停下時，車長必須跳下車扳轉道岔，使機關車牽引列車朝另一方向爬升。早期不了解狀況的乘客到此，誤以為列車因走過頭碰見山壁，所以倒車往回開，讓這個路段多了「阿里山碰壁」的有趣稱號。

Shay蒸汽機車牽引原木列車。

阿里山林業鐵道採用登山鐵道工法之一的螺旋形路線（Spiral route）。

阿里山林業鐵道採用登山鐵道工法之一的折返式路線（Switch back）。

運材列車（國立台灣大學圖書館藏）。

北門車站 年代 1960～1980s｜行政區域　嘉義

　　北門車站位於縱貫線嘉義車站東北方約1.6公里處，在阿里山林鐵興建時期屬阿里山作業場建設腹地的一部分。1912（大正元）年，嘉義至二萬平全線通車，大規模的伐木及運材作業展開，1914（大正3）年位於北門車站與嘉義車站之間的嘉義製材所開始運作，北門地區木材產業逐漸興盛，帶動嘉義市區商業的蓬勃。1920（大正9）年，原本以運載原木及貨物為主的阿里山鐵道，正式開辦客貨運混合列車，提供乘客往來嘉義至沼平車站的交通服務。1998年舊北門驛被指定為縣（市）定古蹟。

北門車站。

貯木場及製材工廠（國立台灣大學圖書館藏）。

嘉義製材所。

原木輸送帶。

伐木（動態展演）。

貯木池作業場景。

嘉義製材所

年代 1960～1980s｜行政區域　嘉義

　　嘉義製材所是日治時期營林製材所相關建築群，使用阿里山檜木所建之大型木構造建築，製材所由前棟辦公室、機具工廠、動力室、煤料貯存庫、乾燥庫房所組成，總面積達16萬2千坪，其中動力室興建於1913（大正2）年，為台灣最早火力發電廠，亦是嘉義第一座鋼筋混凝土建築。嘉義製材所在日治時期為木材集散地，擁有當時最先進的機械加工技術，從阿里山砍伐的原木，經由鐵路運送到製材所加工，再透過鐵路、公路與貨輪轉運至各地。嘉義製材所於2005年登錄為歷史建築，現為嘉義阿里山林業村。

火車行駛於嘉南平原。

閩式三合院。

閩南式三合院

年代 1960～1980s｜行政區域　嘉義

歷史脈絡

　　嘉南平原由古至今，居民主要以務農為主，住居多為農用考量的傳統合院建築。屋舍正中間為正廳，內部多設有神壇，祭祀神明與祖先等；左右房舍或以一字型連接中央，成為所謂一條龍，或以左右側垂直延伸護龍，成為三合院，中間為埕，通常作為農作曬穀或閒暇活動之場地。

媽祖信仰。

廟前廣場市集。

媽祖信仰

年代 1960～1980s｜行政區域

　　台灣島為早期福建等地漢民族海外移墾之地,因航行常因天候左右船隻漁獵安全,居民多於港口附近設立媽祖廟,以祈求航行漁獵平安順利,逐漸形成恭奉媽祖信仰。媽祖信仰中,遶境進香是一年中最大也是最重要的活動,遵循傳統舉行獻敬禮儀,行進隊伍中的各式陣頭,成為具代表性的宗教文化。

Zone ③

產業 支線
與水力 發電

- 場景年代　1930年代～
- 展示主題　鐵道與糖業（1930年代～）
　　　　　　鐵道與水力發電（1930年代）
- 行政區域　雲林、彰化、南投

台灣西南部為糖業發展重要地區，台糖虎尾糖廠是現存仍在營運的製糖廠，除可見蔗田耕作機械收蔗與製糖廠房等人文景觀外，更有台灣高速鐵路列車與糖業鐵道上緩慢行進的運糖列車立體交會之經典鐵道場景。

集集線是「台灣電力株式會社」為了日月潭水利工程材料運輸而興建，連接縱貫線二水至車埕，為台灣僅存的客運支線之一。1921（大正10）年底開通，1927（昭和2）年4月官方以373萬9千圓買收，成為鐵道部轄下支線。集集線，傍著濁水溪、穿梭於蕉園間，是台鐵現有客運支線中里程最長，行駛時間最久的一條，綠色隧道是支線上最大亮點。

日月潭水力發電廠。

集集支線（柯奕祺攝）。

集集支線鐵道沿濁水溪興築。

集集支線（二水一車埕）

年代 1960～1980s | 行政區域　彰化、南投

歷史脈絡

集集綠色隧道是集集支線中最知名的觀光景點。（陳皇志攝）

集集支線鐵道因日月潭水力發電事業而設立，主要作為人員與物資運輸，此規模浩大的水力發電工程，於1919（大正8）年，由台灣總督府成立的台灣電力株式會社負責執行。1934（昭和9）年日月潭水力發電廠啟用時，發電規模為當時亞洲最大，發電能力達到10萬千瓦。日月潭水力電氣工事完工後，集集支線由客運與貨運型態轉型為客運運輸，成為進入日月潭觀光和攀登新高山的重要路線，並運行至今。昔日開往集集支線的蒸汽機車，現今變成彩繪的柴油車。

二水車站建於1906（明治39）年，當時僅有一座月台，1922（大正11）年改建木構造簡易站房，1933（昭和8）年興建保存至今的鋼筋混凝土站房。

二水車站

年代　1960～1980s｜行政區域　彰化

　　1905（明治38）年開始營業，後因地名由二八水改為二水，1920（大正9）年站名改稱「二水驛」。二水驛為縱貫線與集集支線的接點，日治時期因車站東北方有明治製糖會社的糖鐵，成為台鐵縱貫線、集集線、糖鐵三線匯集點。1960年代，集集、濁水等地香蕉與原木大量出口，經由二水站向南北輸送；1970年代隨著香蕉出口沒落，原木禁止砍伐，該站營運也逐漸沒落。

　　二水車站至今仍是縱貫線和集集支線的重要轉樞站，亦是進入集集支線的首站。

濁水溪鐵橋

1908（明治41）年，縱貫鐵道全線通車，其中跨越濁水溪的鐵道橋為當時第一長橋，長度為1150公尺。1961年配合台鐵複線工程，拆除原有單線橋體，改為複線雙鋼製桶橋，一線使用原橋墩，另一線則為新築橋墩，形成二座不同形式橋墩於濁水溪上。1986年再改為現今複線單橋體。

第1代濁水溪鐵橋
（國立台灣大學圖書館藏）。

自強號行駛於濁水溪橋。

集集車站

　　建於1921（大正10）年，1922（大正11）年完工啟用，為簡易式木板構造車站。1933（昭和8）年鑑於集集車站已成為附近地區之交通門戶，舊車站格局簡陋不敷業務需要，將原車站拆除加以重建，建築本體以木造為主。1960年代集集站成為出口香蕉的集散地，大量的香蕉在此運往二水車站，再由二水車站轉向南北輸送。2004指定為歷史建築。

集集車站（洪致文提供）。

集集車站。

彰化扇形車庫轉車台。

彰化扇形車庫

年代　1960～1980s｜行政區域　彰化

八卦山大佛為彰化最具代表性地標，
2002年登錄為歷史建築（劉世光提
供）。

八卦大佛。

　　彰化扇形車庫，為台灣縱貫鐵道上重要的「機關庫」，建於1922(大正11)年，因機關庫呈扇形展開，所以稱為「扇形車庫」。扇形車庫為火車頭維修保養、調度、轉向、補給的場所。台灣縱貫鐵道沿線有台北、新竹、彰化、嘉義、高雄及高雄港等6處扇形車庫。彰化站是縱貫鐵道山、海線南端起點，占有鐵道運輸的樞要位置，所以在此設置機關庫以調度列車，並成為機關車的維修基地。扇形車庫設有一座可供360度旋轉的轉車台，使動力車能順利進出扇形車庫或轉向，車庫內共有12股軌道，旁邊另有3條停留線。本車庫現為台灣僅存的扇形車庫，也是蒸汽機車時代的代表建物。2000年指定為縣定古蹟，目前仍有維修車輛作業。

彰化扇形車庫實景（洪致文提供）。

彰化扇形車庫全景。

行經大山火車站的R100型柴電機車。

Zone ④

海線與
經典木造車站

● 場景年代　1960～1970年代
● 展示主題　海線與經典木造車站
● 行政區域　苗栗至彰化

通宵風力發電群。

1922（大正11）年完工通車的縱貫線一海線段，起自竹南驛，迄至彰化驛。此區間為西部縱貫鐵道的中段。山線因坡度高，貨運列車載重爬坡不便，加上1919（大正8）年發生滯貨事件，山線鐵道負荷不了大量貨運，使得貨物堆積如山，於是開始建造海岸線鐵道，於1922（大正11）年啟用通車。海線鐵道開通後因地勢平坦利於貨運，物資輸送更便利，連帶旅客列車速度也跟著提升。

縱貫線一海線段基本上沿著海岸線而建，因此沿途可欣賞台灣海峽絕美海景。此外，因台灣西部多東西向溪流，必須架橋讓南北向的軌道通過，於是在海景之外，搭乘海線鐵道還可透過高架橋欣賞台灣西部溪流，成為另一重要特色。

談文車站，於2008年被指定為歷史建築。

海線

五座經典木造車站

 1960～1980s｜行政區域　竹南至彰化

歷史脈絡

　　1922（大正11）年海岸線鐵道開通時，竹南驛是山海線的北分歧點，追分驛則是南分歧點。竹南之後海線車站依序為：淡文湖（談文）、大山腳（大山）、後龍、公司寮、白沙墩（白沙屯）、新埔、通霄、苑裡、日南、大甲、甲南、追分。今日海線上僅存五座木造車站，從北至南分別是談文、大山、新埔、日南和追分站。五座車站皆列入歷史建築，保存良好。

　　五座木造站體，屋頂為二披水式，覆以日式瓦片，平面佈局為L形，外觀立面為雨淋板，搭以圓窗，簷下設有廊道具遮陽與避雨功能，車站整體保有樸實又不失單調的和洋情調。

大山車站，於2005年被指定為歷史建築。

新埔車站，於2005年被指定為歷史建築。

日南車站，於2002年被指定為歷史建築。

追分車站，於2002年被指定為歷史建築。

Zone ❺

舊山線奇景
隧道與橋梁

- 場景年代　1960～1980年代
- 展示主題　山線—隧道與橋梁
- 行政區域　苗栗、台中

　　苗栗三義地區在地形上多丘陵、山嶺，海拔高度約400～500公尺，之間溪谷橫亙，少有廣大平原。縱貫線山線三叉河（三義）至葫蘆墩（豐原）段，即利用丘陵邊僅有低地帶開設，鐵道路線經前述河谷及山嶺地形，築有隧道及橋梁因應，即經典的魚藤坪橋、內社川橋及連續隧道群等，並利用北側較平坦地勢（今勝興車站附近）設立十六份信號所，後改為停車場（車站）。

螺旋式輕便軌道，1908年縱貫鐵道全通後撤去（國立台灣大學圖書館藏）。

舊山線經河谷及山嶺地形，沿途多隧道及橋梁。

舊山線

勝興車站

年代 1960～1980s｜行政區域　台中

歷史脈絡

　　縱貫線經過三義後，進入丘陵、山嶺及河谷地形，因此段為單線，需設立信號所，以便對向列車便交會，北側擇一平坦地形設立信號所「十六份詰所」，1930（昭和5）年改為十六份停車場，後改為十六份驛，為縱貫鐵道海拔最高點。戰後改名勝興車站，1998年新山線完工通車，勝興車站廢站，木造站體保留至今，1999年指定為縣（市）定古蹟。

勝興車站（原十六份信號所）。

火車通行於連續隧道間。

橋梁與隧道群

 年代 1960～1980s｜行政區域 台中

　　為解決山線的多山地形，縱貫線自三義車站後，設有9座隧道，其中第2號隧道北口上方有後藤新平所題「開天」，第3至6號隧道更呈現連續隧道群直線排列，第7號隧道北口上方題有「巨靈讓工」、南口上方則有「一氣通」。隧道內部高約4.5m，寬約3.7m。目前隧道群保存良好，但洞口上方題字多剝落不易辨識。

第7號隧道長1261公尺，北端銜接內社川橋，南端緊鄰大安溪橋，工程非常困難。隧道南口上方有總督兒玉源太郎的「一氣通」題字，象徵著在這段艱鉅工程完成後，整條縱貫線從此全通。（古庭維攝）

魚藤坪橋

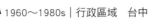

1935年遭地震損毀的魚藤坪橋（國立台灣大學圖書館藏）。

原魚藤坪橋於1907（明治40）年興建完成，以磚造橋墩及拱形結構加強橋梁強度，可惜仍不敵強震。1935（昭和10）年的「新竹台中州地震」，震垮部分結構，經鐵道部評估後，捨棄該橋，於西側溪谷另建新橋，改為鋼筋混凝土造，呈現新舊橋並陳的特殊景觀。

魚藤坪橋1935年震損後留存南側與北側拱形橋墩，1999年集集地震，部分橋體又被震毀崩落，2003年公告為縣定古蹟「魚藤坪斷橋」。

魚藤坪斷橋與鐵橋。

日治時期內社川橋
（國家圖書館藏）。

內社川橋

年代

1960～1980s ｜ 行政區域　台中

　　內社川橋於1907（明治40）年竣工，由8座仿金字塔
形橋墩與9孔鋼鈑梁構成，總長185.6公尺，橋面與水面
相距達34.7公尺為全台最高的橋梁，是當時相當艱鉅的
工程。1935年「新竹台中州地震」時，部分橋墩位移受
損，因前後銜接第6、7號隧道，故選擇原地重建。

　　鯉魚潭水庫1992年興建完工蓄水後，形成火車行經
內社川橋時，恍如於水庫上行走的奇景。

內社川橋為鋼桁架。

大安溪橋

年代

1960～1980s ｜ 行政區域　台中

日治時期大安溪橋（國立台灣大學圖書館藏）。

大安溪橋墩呈現圓方柱形外圍施以磚角石搭配，橋梁圍鋼製
下承式曲弦桁架組成，單線雙向通行。

　　山線第7號隧道南口的大安溪橋，於1908（明治41）
年竣工，屬「下承式曲弦桁梁」（俗稱花梁）橋，由10
孔花梁構成，全長637公尺。為確保橋墩能抵擋河道雨季
時河水沖激力量，先試驗鋼筋混凝土建造橋墩後，再以
桶型灌入水泥以確保河面下的橋墩堅固，外圍再施以磚
角石。歷經1935年地震後改建及1964年更換鋼梁後，橋
體大致維持原貌至今。

大安驛（泰安車站）在1935年地震中遭受嚴重損毀（國立台灣大學圖書館藏）。

泰安車站內的「台中線震災復興紀念碑」，此碑立於倒塌的木造站房原址。碑文以日文寫成，敘述當時受災及重建之情形，下方鐵牌為近年加上的碑文翻譯。（古庭維攝）

泰安車站

年代 1960～1980s｜行政區域　台中

　　與十六份詰所（信號所）同樣作為提供列車避讓及交會的設施，後陸續更名大安溪停車場、大安驛等。1935（昭和10）年「新竹台中州地震」時受損，災後重建完工後在此設立「台中線震災復興紀念碑」以為紀念。站體同時改建為裝飾藝術（ART DECO）風格，設有地下道與月台聯通。戰後更名為泰安車站，2001年公告為縣定古蹟。

泰安車站為藝術裝飾（ART DECO）式樣，主體為鋼筋混凝土造。

台中車站 ⊙年代 1960～1980s｜行政區域 台中

　　第1代台中車站「台中停車場」於1905
（明治38）年10月竣工，原為木造建築。後
因台中市區發展快速，車站不敷使用，1916
（大正5）年開始改建，1917（大正6）年落
成，第2代車站為比第1代車站大3倍的紅磚歐
式建築。　配合台中都會區鐵路高架捷運化工
程計畫，2016年10月新台中站啟用，高齡110
年的舊台中站也走入歷史，以國定古蹟之姿
原地保留。

↑↑第1代台中車站（國家圖書館藏）。
↑第2代台中車站（國家圖書館藏）。

↓台中車站整體呈現文藝復興式樣，主
結構已開始運用鋼筋混凝土造，中央規
畫為鐘塔。

哈瑪星台灣鐵道館 ｜ 第三篇 ｜ 重現台灣百年鐵道風華

Zone ⑥

鐵道與
北台灣繁華城市

- 場景年代　1950～1980年代
- 展示主題　鐵道與文化產業（1950～1980年代）
- 行政區域　新竹、新北、台北

台北車站月台（林志明提供）。

　　啟用於1893（光緒19）年的「新竹火車票房」，位於新竹東門外。於1998年被指定為國定古蹟的是第4代「新竹驛」，由建築家松崎萬長設計，1913（大正2）年完成。

　　淡水線為台灣第一條支線，因台北捷運計畫，廢除鐵道轉型為捷運路線，1988年7月15日為最後行駛日，吸引許多人拍攝與觀看。由北投轉新北投支線，沿線有著名的北投溫泉，帶動該區溫泉觀光事業的發展，更因北投市街多窄巷衍生出「機車計程車」。在火車尚未地下化的年代，當列車運行至台北，與台北市著名地標「中華商場」平行擦身而過，是台北市最獨特的鐵道景觀。

鐵道與北台灣繁榮城市。

新竹車站。

新竹車站

（年代）1980s｜行政區域　新竹

　　第1代「新竹火車票房」，設立於1893（光緒19）年，為閩南式建築。1896（明治29）年，遷至今東大路與鐵道交叉處北側，為日式木造建築，屋頂以杉木皮材料建成。1902（明治35）年車站改建為日本文化瓦屋頂。第4代車站「新竹驛」，就是現今大家所熟悉的新竹車站，由松崎萬長設計，1913（大正2）年竣工。1945（昭和20）年二次世界大戰遭美軍轟炸，車站部分損毀，直到1949年才整修完成。1968年增建左翼辦公室，1973年進行右翼鐵路警察辦公室增建。1998年指定為國定古蹟。

新竹車站鐘塔。

第4代新竹車站（國家圖書館藏）。

新竹車站立面。

新竹閩客混居聚落。

新竹閩客混居聚落

年代 1980s ｜ 行政區域　新竹

　　客家人真正較具規模的移民，遠較閩籍福佬人晚，因北部開墾較慢，直到乾隆年間，客家人才大量入墾台北、桃園、新竹、苗栗一帶狹長的丘陵地及山谷間。拓墾形態也由與福佬人雜居共墾，演變為乾隆年間由福佬人的資本、客家人的技術與勞力，加上原住民平埔族的土地，三族或閩客合作的形式，進而開闢出全台最大規模的客家聚落。新竹素以風城著稱，搭配地塹地形，常會吹起九降風，「三分日曬、七分風乾」的自然條件成就了新竹米粉的獨特風味。現今新竹南勢地區仍可見米粉棚架。

晒米粉場景。

行經新竹聚落的EMU800。

第1代台北車站
（國立台灣大學圖書館藏）。

第3代台北車站
（國立台灣大學圖書館藏）。

第4代台北車站
（國立台灣大學圖書館藏）。

台北車站　年代｜1980s｜行政區域　台北

　　台灣初期鐵道建設由劉銘傳引進，並於1888（光緒14）年8月親自主持試車和視察大稻埕至錫口的通車狀況；1891（光緒17）年於大稻埕河溝頭建立「台北火車票房」，後因戰亂而損毀。1896（明治29）年，開始計畫新建第2代台北車站；1900（明治33）年為了配合「市區改正」，台北車站移至城北，1901（明治34）年第2代車站「台北驛」開始營運；1938（昭和13）年台北都會人口的快速增長，為增加站體使用效能，第3代台北車站開始動工，於1940（昭和15）年竣工，為混凝土和鋼骨鋼筋構造。1985年配合台北地下鐵路工程，遷入臨時車站。第4代台北車站於1986年3月1日拆除，今日大家所熟悉的第5代台北車站於1989年9月正式啟用，沿用至今，但後站及舊客運候車亭已拆除。

台北車站正面。

台北車站月台。

台北站前街道。

小南門（國立台灣大學圖書館藏）。

小南門圓環。

火車穿越中華商場天橋。

中華商場

年代 1980s｜行政區域　台北

80年代流行風潮
（王錦河攝）。

　　1949年國府遷台，大批中國各省軍民也隨之湧入，為安頓大量流離失所的人群，於鐵路沿線搭建臨時棚屋作為棲身之處，而後政府為整頓台北市容，拆除原有攤戶並沿鐵路興建中華商場，於1961年落成啟用。中華商場總計8棟，每棟3層樓，1樓為商家，2、3樓為住家。八棟商場由北而南分別為忠、孝、仁、愛、信、義、和、平，電子零件、家電、美食、唱片、服飾、民俗藝品等零瑯滿目的商鋪比鄰而立，吸引群眾前往消費。其中，忠棟以電子零件商為多，國際牌更是享負盛名。中華商場亦與休閒娛樂重鎮的西門町串連，電影院、百貨公司接續開張，各式霓虹燈招牌相伴，熱鬧非凡，入夜之後，五光十色更顯繁華熱鬧，為當時台北最繁華的商業區。1980年代中華商場因陳舊、髒亂，逐漸消失迷人風采，1992年面臨拆除的命運。

中華商場。

1978年台北市中華路平交道與中華商場（張哲生提供）。

天橋下的火車。

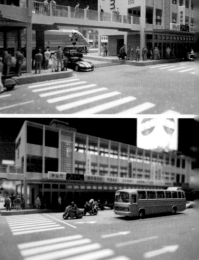

中華商場前街道。

淡水站站房
（洪致文提供）。

淡水線

 1980s｜行政區域　新北市

淡水線。

　　日治初期，物資輸送以淡水港為主，為快速將大量物資運送至台北，特別興建淡水線鐵道，於1901（明治34）年通車。然而，潛在的泥砂淤積問題，以及基隆港整建後吞吐量大增，淡水港於是沒落。不過，淡水線由於載客量大，且有知名的台灣八景：淡水夕陽，依然是備受倚重的交通路線。

　　淡水線鐵道於戰後持續營運，除了部分車站增刪與改名外，基本上與日治時期相去不遠，是眾人耳熟能詳的一條鐵道支線，沿途有許多經典建設可觀賞，如圓山大飯店、橫跨淡水河的關渡大橋等。但隨公路系統發達及私家車輛增加，淡水線面臨巨大衝擊，1988年淡水線正式走入歷史。淡水線已改為台北捷運淡水線，淡水站與北投站也改建為捷運車站。

淡水車站。

北淡線月台。

1983年完工通車的關渡大橋與淡水河出海口。

北投機車限時專送衍生出北投
另一種風格。

新北投支線終點站，月台與車
站為垂直布局，是該站最經典
且特殊之處。

與港口串連基隆

- 場景年代　1970～1990年代
- 展示主題　基隆港
- 行政區域　基隆

日治時期基隆岸壁。

　　基隆港是日治時期重要的港口，不僅是台灣人到海外的出發地，也是外地人來台的第一站。儘管基隆聯外交通不便，但基隆港屬不可多得的良港，具備軍事、商業功能。1908（明治41）年縱貫鐵道開通，基隆為縱貫鐵道的起點，1912（大正元）年因應台日貨運量增加，基隆碼頭改建，取代淡水港。1978年中山高速公路（國道1號）全線通車，連接基隆和高雄兩大港口，公路與鐵道交通運輸更為便捷，大幅改善基隆的交通問題。

連結公路與海運的港口。

西岸碼頭與停駁中的台馬輪。

台馬輪甲板上的旅人。

基隆港埠

年代 1970〜1990s | 行政區域　基隆

基隆坎仔頂漁市臨近港埠，漁撈船隻易於停泊，逐漸形成漁獲交易市集，每日凌晨至清晨喊賣議價聲此起彼落，為臨近基隆車站之在地特殊人文景緻。

　　基隆位於台灣北端，與日本內地距離最近，又是天然良港，於是日本政府撥款10萬日圓來修建縱貫鐵道和基隆港，使其成為與日本門司港、神戶港往來的門戶。基隆港經歷過數次修築，直到日治末期才因戰爭停止。混凝土建造的港埠及倉庫群仍在營運中。

基隆港埠。

東岸碼頭。

基隆車站與站前廣場，車站已改建成混凝土造的新站體。

基隆車站

年代 1970～1990s｜行政區域　基隆

第3代基隆車站（基隆停車場）。

基隆港邊開往平溪線的DR2200型柴油客車。

1891（光緒17）年「基隆火車票房」啟用；1899（明治32）年第2代車站落成，為木造結構；1907（明治40）年日本實施「市區改正」（都市計畫）將鐵道、車站、街道重新規畫。第3代車站，於 1908（明治41）年10月竣工，同年基隆和高雄間縱貫鐵道通車，基隆車站為最經典樣式。1947年二二八事件，陸軍21師從基隆登陸，利用鐵道至全台各地鎮壓台灣民眾。戰後，由於運量的提高和建築老舊，於1965年拆除重建。第4代車站於1967年建成，2015年6月26日，基隆車站地面列車最後一天營運，隔日起，此段路線改為地下行駛。

中山高速公路。

中山高速公路起點

年代 1970～1990s｜行政區域　基隆

　　1908（明治41）年縱貫鐵
道全面開通，展開台灣的空間
革命，1970年代推動十大建設，
交通建設占了6項。高速公路於
1978年通車後，基隆除了是鐵道
北端起點外，也是高速公路北端
起點。

「華表紀念碑」立於中山高速公路中興與大業隧道口。

Zone **8**

因礦業而興盛平溪線

- 場景年代　2010s～
- 展示主題　鐵道與礦業（1920s～）
- 行政區域　新北市

平溪支線原名台陽鑛業株式會社石底線，由台陽鑛業出資興建，為三貂嶺至菁桐坑（菁桐）的運炭鐵道線。1921（大正10）年完工通車，1929（昭和4）年被台灣總督府鐵道部收購，同年10月1日開始兼辦客運，定名為平溪支線。

現今的平溪支線自宜蘭線三貂嶺分歧，行經大華、十分、望古、嶺腳、平溪，終點為菁桐，全長12.9公里，行駛車輛為DRC1000型柴油客車。

平溪支線沿基隆河谷興建，沿線可見壺穴、瀑布等自然美景，再加上別具特色的煤礦產業遺跡，吸引許多電影至此取景，其中最具代表性的莫過於1987年上映的《戀戀風塵》。

台陽時代的菁桐坑停車場。遠方的山經過修改而與現實不同。（古庭維提供）

十分車站

年代 1921～2016 | 行政區域　新北市

歷史脈絡

　　1921（大正10）年台陽鑛業運煤鐵道完工，全面開採平溪一帶煤礦，因礦業蓬勃發展形成平溪里聚落、菁桐坑聚落與十分里聚落。直到1970年代，隨著礦坑逐漸停採，人口大量外移，盛極一時的礦業城市又回復以農維生的鄉村，近年再以礦業遺跡轉型為觀光城市。十分車站為平溪支線上的最大站，設有一個島式月台和一個岸壁式月台。

　　平溪支線為單線，往來列車須於十分車站交會，目前仍保留電氣路牌閉塞制，可見到司機員與值班站長交接路牌的景象。

火車穿越十分站旁的民宅。（洪祖仁攝）

十分車站因應列車調度，設有島式與岸壁式月台，車站入口因腹地較小，由側邊進站，為一層樓鋼筋混凝土造站體。

行駛於十分鐵橋的DRC1000型柴油客車。

石底炭礦坑
（國立台灣大學圖書館提供）。

平溪車站

1921～2016 | 行政區域　新北市

　　平溪站位於平溪支線里程11.2公里處，為平溪區公所所在地。車站坐落於平溪社區上方，為一簡易站，設有岸壁式月台一座。平溪車站前有座橫跨溪流與老街的鐵道橋，建於民宅三層樓高處，每當列車從菁桐開往平溪行經鐵道橋時，站在老街的平溪便橋往上看，火車猶如自民宅衝出，吸引不少鐵道迷守候。此景與列車穿過十分老街的景象齊名，因此有「火車屋頂過、火車逛大街」的諺語，用以形容平溪線特有的鐵道景觀。

平溪車站雖為一層樓，但必須爬一段坡道才能進入，僅設有一岸壁式月台。

火車行經鐵道橋時，站在平溪便橋往上看，火車猶如自民宅衝出，為知名鐵道景點。

平溪天燈（陳皇志攝）。

Zone ⑨

通往後山的鐵支路
宜蘭、北迴線

- 場景年代　當代
- 展示主題　鐵道與高架化（當代）
- 　　　　　鐵道與經典自然地景（當代）
- 行政區域　宜蘭

蘇澳港海岸與鐵道（國家圖書館藏）。

因應台鐵執行的台鐵捷運化工程計畫，宜蘭線由冬山開始為高架化，並興建完成具在地意象瓜棚概念的冬山車站，尤當新一代列車太魯閣、普悠瑪列車行駛高架鐵道，在台灣東部碧綠的稻田、溪流上奔馳而過時，更增添東部平原的風貌，形成東部鐵道的新意象。

1980年通車的北迴線，由蘇澳站到花蓮站，擁有經典斷崖與臨海景色，其海岸地形陡峭，使山與海彷彿只有一線之隔，火車運行於高山與大海之間，成為東部鐵道的最大特色。

通往後山的鐵支路。

頭城牽罟是宜蘭極為重要的無形文化資產。

宜蘭線

宜蘭線（八堵—蘇澳）

當代 | 行政區域　宜蘭

　　2002年台鐵為配合宜蘭市外環道路工程，興建一座跨越外環道路及蘭陽溪的鐵路高架橋，以解決宜蘭市平交道及鐵軌阻隔宜蘭市區之交通問題。此段宜蘭市至二結的鐵路高架化工程，總長5.2公里，於2006年完工通車。列車自宜蘭車站離開後，逐漸爬升進入高架路段，自鐵道橋居高臨下俯視廣闊的蘭陽平原。列車接著度過蘭陽溪，此處河面寬廣，距離蘭陽溪的出海口不遠。進入五結鄉的二結站之前，列車循鐵道橋下坡，回歸平面駛入二結站。

宜蘭線屬高架化鐵道。

北迴高架段。

北迴線（蘇澳新—花蓮）

年代 當代｜行政區域 宜蘭

北迴線為「十大建設」之一，目的在貫穿中央山脈的最北段，以連結台鐵的西部幹線與花東線。1947年開始探勘，1973年於南北兩端同時動工，1980年北段的南聖湖（蘇澳新）至和平完工，北迴線正式全線通車。

北迴線通車帶動了東西部交流，加速東部觀光事業發展，致客貨運量大增，原有單線鐵道不敷使用，遂於1992年開始進行北迴線雙軌化、重軌化、電氣化工程，2005年1月雙軌化完工，有效縮短行車時間。2007年5月引進太魯閣號傾斜式列車行駛於此線，使台北花蓮間的行車時間再縮短至2小時。

蘇花斷崖。

花東沿岸為知名的磯釣場域。　太魯閣號行經花東交界處。

蘇花斷崖

年代 當代｜行政區域 蘇澳

北迴線總長度79.1公里，南下路段以蘇澳新站為起點，鐵道依著壯麗的中央山脈，傍著深藍太平洋。由於沿線多高山峻嶺，故完工初期築有大、小橋梁共91座，隧道16座，工程相當艱鉅。因鐵道經過的山海美景，成為台灣最知名的鐵道景觀之一。

Zone ⑩

穿山越嶺
南部鐵道

- 場景年代　　當代
- 展示主題　　鐵道與觀光（當代）
- 行政區域　　台東、屏東

下淡水溪鐵橋。

　　南迴鐵路是台灣環島鐵路的最後一段，於1991年完工，全長98.2公里，縮短了屏東至台東的距離。因為穿越中央山脈，全程有35座隧道，占鐵道長度三分之二，為施工難度最高的路段。預計2020年全面電氣化，期望達成高雄到台東90分鐘的快捷鐵路，完成環島鐵路電化路網的最後一哩。

　　南迴線觀光價值高，可體驗火車穿過中央山脈的感受，又可欣賞台灣海峽和太平洋美景。山與海相襯的豐富景色，吸引人們前往搭乘，其中多良站靠海而建的月台是鐵道旅行印象中最為人所熟悉的鐵道場景。

南迴鐵路的完工使環島鐵路網完整，起點為屏東枋寮站，終點為台東站，沿線遍覽山海奇景，觀光價值高。

臨海景觀

年代

1990-2000s｜行政區域　台東、屏東

歷史脈絡

南迴線南下經南台灣－屏東之西部海岸一帶，再跨越高屏溪，東折進入中央山脈，進入台東海岸線景觀。

　　南迴線觀光價值高，遊客坐在火車中，體驗火車穿過中央山脈的感受，又可欣賞台灣海峽和太平洋美景，山與海相襯的豐富景色，吸引人們前往搭乘，當列車穿過大武山，其中有一座是曾為台灣最長隧道的中央隧道，接著再沿著太平洋海岸向北，這時已經來到了台東，再度見到海洋。

多良站，被喻為最美的車站。

台東熱氣球嘉年華。

多良站

年代 1990-2000s｜行政區域　台東

　　隨著鐵道南迴線通車，設置多良車站，2006年撤站，仍有許多遊客為了它專程而來。站在多良站上可以近距離看到太平洋美景，聆聽太平洋浪濤聲，多良站夾在兩座隧道之間，兩排紅色欄杆在藍天碧海的對比之下，令遊客印象深刻，在此流連忘返。

嘉和遮體

年代 1990-2000s｜行政區域　屏東

　　當南下列車由南迴線出加祿站之後，會經過誤以為是隧道的「嘉和遮體」，因為在1980年代，這附近有海軍軍艦試射靶場，為防砲彈誤擊火車，特地蓋了1180公尺的嘉和遮體，直至靶場遷移，嘉和掩體從未有機會扮演過它的角色。

王爺信仰燒王船。（王錦河攝）

嘉和遮體。

客家夥房。

主婦的日常之打棉被（動態展演）。

客家聚落（屏東線：高雄—枋寮）

年代 1990-2000s｜行政區域　屏東

　　傳統合院建築，在客家語稱為夥房。以中間廳堂為中心，左右依親族尊卑居住，有護龍或廂房，常坐落於丘陵地帶。建築特色為磚造、瓦片、木製窗、門等，正門通常會面向埤塘，而非主要道路，這點與閩南式三合院不太相同，禾埕（稻埕）前多會有護牆。

客家聚落。

菸葉場景。

菸業場景

年代 1990-2000s ｜ 行政區域　屏東

　　高雄、屏東地區是早期南部發展菸葉栽植地區，並在日本政府規劃下發展了菸葉種植與應加工作業需求的菸樓，成為該地區獨特的產業景觀。除了台灣南部外，中部、東部亦有菸業產業聚落，為因應菸葉燻烤與儲存功能，建造了大阪式與廣島式菸樓，差異在於平面佈局，一為一字型、一為L型，大阪式數量較多，突出的太子樓是主要特色。目前菸葉栽植與菸樓作業已停止。

菸葉採收。

菸樓與菸葉場景。

九曲堂車站（林志明提供）。

火車行駛於檳榔樹群景象。

島式月台與軍備鐵道。

九曲堂車站

年代　1990-2000s｜行政區域　高雄

　　1907年（明治40年），打狗、三塊厝、鳳山、九曲堂間之鐵道開通，間接促成大樹鄉鳳梨產業的興起。九曲堂車站亦是旅客或物流前往旗山、美濃，或者高雄的轉運中心，見證製糖、鳳梨加工等經濟活動的高峰；戰後因軍事備戰與演習需求，此區段多有軍事武器設備利用鐵道運輸。現今使用的九曲堂車站為鋼筋混凝土造，於1990年代完工啟用。

下淡水溪鐵橋。　　　　　　　　　　　　　下淡水溪鐵橋明信片（國立台灣大學圖書館提供）。

下淡水溪（舊高屏溪）鐵橋　　年代　1990-2000s｜行政區域　高雄

　　日本政府為連接高雄與屏東之交通，派飯田豐二技師建造下淡水溪鐵橋。鐵橋於1913（大正2）年竣工，寬8公尺，長1526公尺，超越原濁水溪鐵道橋長度，成為東亞第一大橋。橋體結構為鋼骨，由24組鋼桁架及花崗岩橋墩組成，底層鋪有軌道，為縱貫鐵道主要幹線之一，1987年新橋落成後，功成身退，1997年指定為國定古蹟。

三和瓦窯　　年代　1990-2000s｜行政區域　高雄

　　大樹受惠於高屏溪引水便利與土質豐饒，瓦窯廠在日治時期獲得發展，曾經多達130多間瓦窯廠，是全台磚瓦建材重地。然而，隨著時代變遷，建築形式逐漸改變，鋼筋水泥等新建材逐漸取代磚瓦，大樹原本為數眾多的瓦窯廠僅剩三和瓦窯廠維繫這項傳統工藝。設立於1918（大正7）年的三和瓦窯廠為目前台灣現存二大生產傳統磚瓦的窯場之一，於2004年公告為歷史建築。

三和瓦窯。

第四篇
奔馳百年的台灣車輛

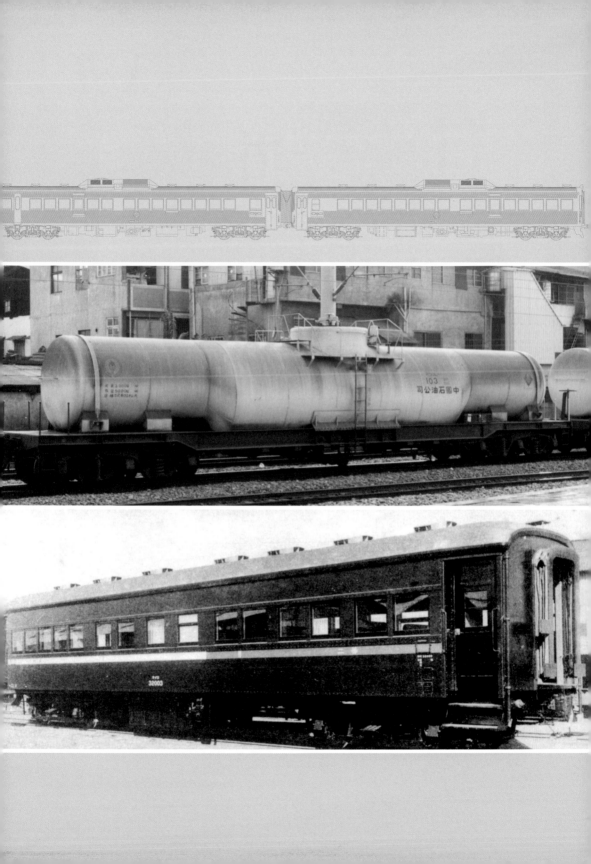

台灣鐵道車輛演進

圖文／童振疆

　　台灣自19世紀末期開始有鐵道的出現，起初是以在北部所出現的煤礦用產業鐵道為主，至1887年4月台灣巡撫劉銘傳上奏興建全台鐵路，自此以因應大眾需求之客貨運輸為主的鐵道正式在台灣出現。台灣以大眾運輸為目的之鐵道（軌道＝手推台車部分除外），依據其出現順序，可分為台鐵（全台鐵路→台灣總督府鐵道→台灣鐵路管理局），台北鐵道株式會社，產業鐵路附設營業線（包括糖業鐵路、森林鐵路、台灣電力、台陽礦業等），近年則有台北捷運、高雄捷運、台灣高鐵等。本文將以歷史最悠久之台鐵西線為主幹進行說明，其餘部分則予以割愛，懇請見諒。

台鐵簡史

全台鐵路 (註1) 自1887年6月起由清朝政府主導下開始興建，依據劉銘傳之奏摺所述，計畫興建由基隆至台南間長度600餘華里之鐵路。至1891年10月基隆—台北間通車營運，1893年11月台北—新竹間通車營運。新竹以南之路段，亦開始進行施工，然後任巡撫邵友濂上奏停建新竹以南鐵路，復於1895年6月台灣割讓給大日本帝國，鐵路經營隨之交由日本政府。

日本領台初期，雖有成立民營組織進行經營管理之議，終至未成，最後在1899年確定由台灣總督府接管，以官營身分經營，直到1945年日本戰敗，被迫放棄台灣為止。台鐵在日本統治期間，除了將清朝所建設之基隆新竹間鐵道予以改良之外，並完成了延伸到高雄的縱貫線鐵路，興建了淡水線、宜蘭線、海線、屏東線、平溪線、集集線、台東線（762mm軌距）等主要鐵路幹線、支線，奠立了如今台鐵的雛型。

1945年中華民國政府接收台鐵，沿襲日本統治時期方式將台鐵以省屬機關之身分進行管理，直到1990年代精省之後，台鐵改由交通部直接管理，成為國鐵。在省鐵時期，除了沿續日治時期已規劃的支線興建及既有路

線改良之外，並完成了北迴線、南迴線，台東線改軌為
1067mm軌距，完成環島鐵路網，並完成縱貫鐵路電氣
化。國鐵化後，宜蘭線、北迴線、台東線陸續完成電氣
化，環島鐵路電氣化亦指日可待。

註1：有關於清朝台灣鐵路之名稱，目前一般書籍之論述均以「台灣鐵路」稱之，不過依據Hawthorn Leslie製「貳號」機關車竣工照片，在馬鞍型水櫃側面疑似是漆上「全台鐵路」之路名，又依據文獻紀錄當時的管理組織名稱為「全台鐵路商務總局」，故劉銘傳所創建之清朝台灣鐵路之正式名銜，應為「全台鐵路」，本文以此稱之。

全台鐵路損毀之貨車。

全台鐵路之車輛

　　全台鐵路自建設之初聘請外籍工程師技術指導，即選擇1067mm之軌距，為當時列強殖民地常見之軌距，屬輕便鐵道之類。當時所使用之鐵路車輛為德國及英國製為主，德國製機車頭0-4-0型騰雲號及御風號在建設期間即用作工程用機車頭，而於1889年起引進較大型之英國Hawthorn Leslie製2-6-2型，乃為全台鐵路預定用來正式營運所使用之主力機關車，共有6輛。這6輛車前3輛為1889年製造的壹～叁號（日後改為3～5號），以及1893年製造的6～8號（分別被命名為「掣電」、「超塵」、「攝景」）。這6輛車因為在後來被編定為3～8號，因此多被稱為「3號型」機關車。3號型機關車為馬鞍式水櫃之設計，3動軸，動輪直徑910mm，全長約9公尺，運轉整備重量約25噸。

　　全台鐵路除了以上的機關車之外，尚有各式客車及

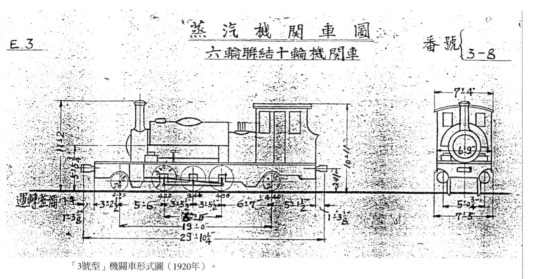

「3號型」機關車形式圖（1920年）。

　　貨車。其中客車有小型全長約8公尺的2軸車、長度10～12公尺左右供新竹線使用的轉向架大客車，以及轉向架式的小型貴賓車等3種類型。一般營業用客車內裝分為頭等與叁等兩等級，因此車種有頭等車、頭叁等合造車、以及叁等客車三種。貨車方面有敞車及篷車兩種，小型者全長約6公尺，以敞車數量為最多，另外也有數輛較大型全長約8公尺之轉向架式鋼體敞車。客車總數約20輛上下，而貨車總數亦說法不一，約26輛前後為可信之數。

　　全台鐵路之車輛，設計上為當時亞非殖民鐵道之風格，其一大特徵為連結器之設計為中央緩衝式，緩衝器高度686mm，牽引時利用設於緩衝器兩側的鐵鍊勾住以拉動後方車廂，而煞車時利用緩衝器頂住後方車廂前衝的方式，此一結構原始而危險，因此在日本統治台灣之後很快就被更換。

機關車

　　日本治台初期，除了將清朝遺留之機關車予以修復使用之外，另由帝國陸軍帶來0-6-0型機關車（日後10號型）4輛，加上收購自成立失敗的台灣鐵道會社所訂購之2-4-2型機關車（日後14號型）4輛使用，旋即縱貫線工程全面啟動，機力仍顯不足，因此從日本國內及滿州調度各式中古車輛，庫存車輛，並緊急向外採購。因此在1900年代，整個台鐵的機關車呈現少量多樣的狀態。台鐵由總督府接收管理後，初期規劃參考日本內地鐵道作業局作法，大致將新購機關車規劃為以下幾款：

　　一般用：2-4-2型（18號型）

　　山岳用：2-6-2型（50號型）

　　客運快車用：4-4-0型（70號型）

　　台鐵縱貫線於1908年通車後，無論客貨需求皆呈現爆炸性成長，上述之車輛很快就呈舊式化而跟不上時代，因此台鐵車隊在此階段迅速更新，1912年快車用機車與日本國內同步採用美製200型（內地形式8900）4-6-2太平洋式機車，1915年山線由出力不足的2-6-2型大幅升級為5動軸的300型（內地形式4110），繼而隨著日本內

500（CT150）型機車
不僅是台鐵史上同型
車最多的一型蒸汽機
車，在台鐵線上服務
達一甲子，是勞苦功
高的苦力馬。

地的鐵道發展，機關車漸漸達到國產化為主，400型、
500型、800型陸續引進，到了1920年代，台鐵的幹線主
力旅客機以及主力貨物機，已經分別是由大正雙雄之500
（＝C95）型（內地形式8620）及800（＝D98）型（內地
形式9600）來擔任了。而這兩款機關車在日後一甲子的
期間，在台鐵客貨運輸都扮演著相當重要的角色。

　　由於500型與800型表現優異，之後的10餘年期間台
鐵並無新款機關車登場，一直到1935年，配合日本治台
40周年的盛大儀式，台鐵再度與日本內地同步採用最新

型機關車C55型，之後的數年到日本統治結束為止，陸續引進各式與日本內地同型的新型機關車，包括C12型、D51型、C57型，達到台鐵蒸汽動力史上的頂點。

客車

初期除了接收自清朝之大小客車15輛外，另於1899年收購成立失敗的台灣鐵道會社所訂購之2軸客車20輛。1901年起新造全長約14公尺的70人座轉向架式大客車，繼而1905年起新造全長約16.5公尺的96人座轉向架式大客車，奠定此後台鐵標準之客車尺碼。

1921年起新造之100型、200型、300型客車，尺寸採取與內地中型木造客車相同標準，全長約17公尺，裝用軸距8呎之均衡梁式轉向架。1928年起新造之400型、500型、22000型客車，再度參照內地標準將車體加寬加高，為大型木造客車。

1935年，配合治台40周年相關活動，首度引進鋼體客車32000系列。1941年引進32100系列之大窗鋼體客車，為日治時期台鐵客車的最終發展型。

就車種設備之演進方面，1904年新造貴賓顯達用特別客車卜ク1號，首度裝用電燈電扇。1906年新造具有販賣部的頭貳等車（ニボ1號型），1911年新造具有餐廳

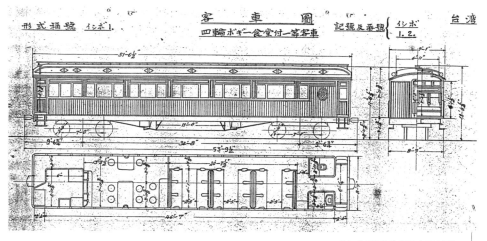

イシボ1號型形式圖（1920年）。

的頭等客餐車（イシボ1號型），掛用於縱貫線直達列車。1912年新造皇族用特別客車トク2號，1915年改造頭等瞭望客廳車イボ2號。1922年新造頭等臥車（イネボ100型）、改造叁等客餐車（ハシボ100型），1927年起引進翻背椅貳等客車、單向椅叁等客車供縱貫線快車運用（ロボ300/400、ハボ300/400型），1929年新造貳等臥車（ロネボ400型），改造頭等客臥車（イネイボ100型）。1933年新造叁等臥車（ハネボ500型）。1937年新造客廳及包廂式頭貳等客車（オイロ32000型），改造全車式餐車（ホシ2000型）。1941年改造叁等客臥車（ナハネハ12300型）。

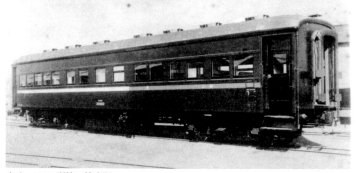

オイロ32000型竣工檔案照。

如上所說明，雖然到了二次大戰前的1930年代，台鐵已經擁有各式客車、各等臥車、多款餐車等完整的車隊，提供不遜於國外先進鐵道的高品質服務，但到了二次大戰戰爭末期，資源匱乏加上盟軍轟炸，台鐵已無法維持高品質的旅客運輸服務，有許多車輛被降等使用，成為代用叁等車，也有許多客車遭盟軍轟炸而毀損，在殘破的狀態下，結束了日本在台50年的旅客運輸服務。

貨車

　　日本接收台灣之初，配合軍事運輸需求，以及接下來的縱貫線建設需要，因此需要極為大量的貨車車皮。因此日本領台後不久，貨車數量急遽增加，在領台第二年之1896年統計之貨車輛數已高達原有3倍以上的88輛，1899年總督府鐵道部成立當時，貨車總數已達144輛，其中包括來自於清朝時期的車輛、陸軍帶來的各式日本中古車輛、收購成立失敗的台灣鐵道會社所訂購篷車30輛、以及在台新造組裝者。其內容為貨物守車10輛、篷車45輛、轉向架式鋼製敞車6輛、敞車33輛、敞守車7輛、運油車1輛、低邊車39輛（其中清朝遺留者19輛）、運材平車3輛。以此正式展開總督府鐵道貨運運輸的序幕。

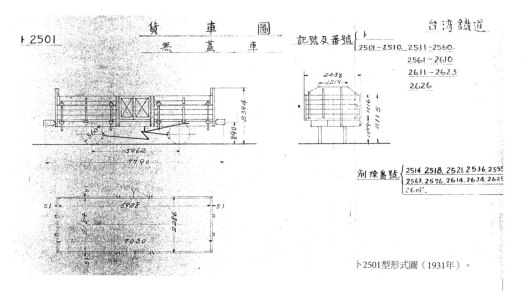

卜2501型形式圖（1931年）。

1908年末縱貫線全線通車當時，貨車總數已高達853輛。1920年度，貨車總數突破2000輛（僅計西線部分，以下同）；1928年度，貨車總數突破3000輛；1937年度，貨車總數突破4000輛；戰時中貨車總數突破5000輛，在1945年日本統治結束之時，台鐵貨車總數已高達5412輛（包括空襲被害及事故車756輛[註2]）。

在貨車車種演進方面，台鐵於1910年首度引進冷藏車（レゾ1型），家畜車（チク1型），高邊車（リ1型）；1911年首度引進油罐車（ユソ1型），1912年引進運馬車（ム1型）、鐵篷車（テワ1型）；1917年新造附有制軔手室的貨車（ワブ1型）；1928年首度新造大物車（シウ1型）、改造車長守車（ヨフ1型）；1931年新造水罐車（ス1型）；1936年引進豬車（ウ300型）。

在貨車構造演進方面，日本治台初期採用全長約6公尺小型2軸貨車為標準，其載重約為6～7噸左右。這些小型車後來陸續予以改造提高其輪軸承載量，最終其

オチ10（50D10）型50噸大物車，是日治時期所出現的最大級貨車。

載重提高到10噸。除此之外當時還有部分尺寸較大之車輛，但屬於過渡期之設計，一直到了1921年起，參考日本內地鐵道省之標準規格，新造車統一將尺寸予以加大為15噸級車輛，該年新造之卜2501型，全長約7.8公尺，此一規格直到台鐵8000系列高速2軸貨車為止並無重大變更，成為之後數十年間台鐵的2軸貨車標準。在轉向架貨車的演進方面，台鐵在清朝即有全長約8公尺的轉向架式貨車，日本治台初期新造之轉向架貨車以敞車及運材平車為主。1912年出現第1輛轉向架式篷車ワボ1，該車為利用報廢客車車架所拼造，因此並非為主流車型。直到1939年起新造ワル10000型貨車，才是台鐵首批量產的轉向架式篷車。除上述之外，在日本統治時期出現的轉向架式貨車，還有大物車、油罐車兩種。另外也有3軸式貨車，全為油罐車。

在車身材料方面，一般的敞車與篷車均為木體結構，在日治末期開始，才出現以鋼材為主要車身材料的

敞車與篷車，例如ワタ7000型（1937年）篷車以及トタ7000型（1941年）敞車，同時並朝大型轉向架化發展，如トル10000型（1937年）敞車與ワル10000型（1939年）篷車。未久，在太平洋戰爭爆發後因鋼材不足，因此鋼體篷車及敞車又再度停產，改為製造木體的篷車及敞車ワタ16000（1942年）、トタ16000（1943年）、トオ5000（1944年），直到戰爭結束為止。

在特殊貨車方面，在日治末期配合軍需出現較多的油罐車外，並於1942年新造オチ10型50噸大物車，是日治時期所出現的最大級貨車。

註2：此處引用數字為根據台灣總督府1945年所編撰之「台灣統治概要」。另依據台灣鐵路局於1981年所編撰之「中國鐵路創建百年史」，所列之光復當時台鐵西線貨車數量為5427輛，有少許出入。

自走客車

1915年，為台北市民往返北投溫泉休閒之便，引進蒸汽機動車ジ1型，行駛於北門-北投間。此種台鐵首見的自走式客車，是由日本汽車製造會社所製造之工藤式蒸汽機動車。動力部分使用安裝於機關室的小型鍋爐，將蒸氣通到位於其下方的動力轉向架上的汽缸，透過連桿驅動2軸以帶動車廂，簡單來說就是1台小型蒸汽機關

車加上客車合體而成的車輛。

　　蒸汽機動車ジ1型總共引進6輛，在台鐵服役的時代都在淡水線使用。1930年代中期台鐵引進中型汽油機動車取代後，將蒸汽機動車淘汰。

　　1930年台鐵引進第一批汽油機動車キハ1型，為車輛長度約11公尺的小型機動車輛。引擎採用美製Waukesha 6-SRL型78馬力汽油引擎，共有4輛，每側有3扇車門，為通勤式設計，引進之初是作為台北周邊縱貫線的通勤運輸之用。1931年引進第二批車輛キハ11型，車身略為加長，每側有2扇車門，引擎同為Waukesha 6-SRL型，共引進8輛，初期分別配置於基隆、彰化、高雄，供北、中、南三地都會區的通勤輸送之用。

1932年起引進キハ101型、キハ201型，這兩型車輛均為車身長17公尺，兩端為圓柱形車頭流線型的設計，製造廠不同為其主要差別。採用數種不同品牌之引擎作為比較對照之用，馬力約在100～120匹，一共有9輛。引進之後取代淡水線的蒸汽機動車，成為淡水線的主力。

　　1935年起與日本同步啟用キハ301型、キハ401型大型汽油機動車。本型車輛基本上與日本內地キハ42000型為相同設計之圓頭流線型，車身長度達19公尺之大型車輛，為當時日本最大型最優秀之汽油機動車。兩形式之製造廠不同為其主要差別。動力為鐵道省型155匹馬力八汽缸汽油引擎，前前後後一共引進13輛。引進當時主要是供縱貫線三大都會區通勤輸送用。

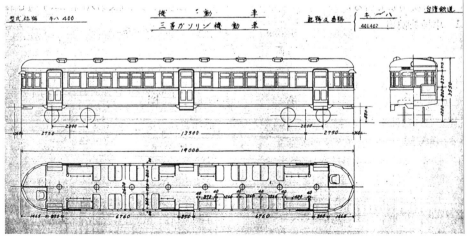

キハ401型大型汽油機動車形式圖（1935年）。

台灣鐵路管理局的車輛

機關車

戰後初期到1960年為止，雖有利用美援等新購之蒸汽機車加入行列，但台鐵之機車基本上沿襲總督府鐵道部末期的體制，幹線客運機車以CT270（C57）、CT250（C55）型為首，再輔以CT150（C95）型，而貨物機車以DT650（D51）、DT580（D98）為主力。

1960年為取代蒸汽動力引進幹線用柴油機車，分別為日製的R0型以及美製的R20型。R0型為依據台鐵要求特別設計的車款，為柴電式Co-Co 6動軸之設計，引擎為有鐵路實績的德國Man V6V 22/30 4行程柴油引擎日製版，車體為美式偏端單駕駛室（Road Switcher）的設計。R20型則為美國GM公司的外銷型機車G12型，配合台鐵軸重及軌距修改之柴電式A1A-A1A 4動軸設計，引擎為該廠567系列二行程柴油引擎，與美國國內當時主力機車產品相同系列。以上兩款德日混血與純美式之柴油機車同時在台運用後，德日混血的R0型因引擎問題較多，零件取得不易且維修作業較麻煩而不適於台鐵使用，因此慘遭淘汰命運。此後台鐵西線之主力柴油機車均為GM之外銷型標準設計產品，引擎為567及其後繼的

645系列為主。

　　台鐵電氣化在日治末期已有規畫，當時預定採直流
電氣化，然因戰爭及日本撤離台灣而未成。時至1970年
代政府推動十大建設，將西線基隆高雄間鐵路電氣化列
為其中一項，因此台鐵在1979年完成西部幹線的鐵路電
氣化。台鐵的鐵路電氣化奉當時主流之交流電氣化為圭
臬，採25kV60Hz商規電源方式。配合交流電氣化台鐵購
入兩款電力機車，E100型為英國GEC公司設計，Bo-Bo 4
動軸設計，2050kw級（連續），閘控晶體（Thyrister）
控制方式的交流電力機車。另又向美國GE公司採購E42C
型（即E200, E300, E400型）Co-Co方式6動軸設計，
2800kw級（連續），亦為閘控晶體控制方式的交流電力
機車。以上兩款機車均有重連控制功能（E42C型目前已
拆除），同型車之間可做多輛總控制運轉，配合台鐵運

輸需求，以此兩款電力機車做高低搭配。

　　此外，1990年代台鐵當局考慮到電聯車故障多，維護保養不易，乃仿效國外例子引進推拉式列車組，期能同時獲得高性能及高可靠度。推拉式列車組採用動力集中方式的配置，前後兩端為電力機車。該型機車台鐵編定為E1000型，為Bo-Bo 4動軸設計，2200kw級（單輛），採GTO閘流體元件VVVF控制方式的電力機車，此型機車僅能編組為推拉式列車使用，無法作為牽引其他列車之用。

客車

　　台鐵戰後初期利用接管自總督府鐵道之客車持續維持營運。1949年，利用戰災報廢車架新造木體車身，仿造滿州鐵道「亞細亞號」打造流線型車廂，以「成功號」「銘傳號」名義，首度開行北高間「特快對號」列車。

　　1951年，以美援向日本採購之35TP32000型車廂，開行「平等號快車」，是台鐵採用單頭等級列車之始；1957年，利用美援採購12輛優等客車組件，由台北機廠組裝坐臥兩用椅客車35SP32700型，並以此編組取代原有之1、2次列車，為此後台鐵之觀光號、莒光號、自強號等坐臥兩用長途優等列車之先鋒；1960年引進有空調設

莒光號餐車DC32850
型竣工照。

計的坐臥兩用客車35SP32750型,開行觀光號;1970年引
進大窗客車莒光號,1995年引進PP推拉式自強號客車,
均為空調化之坐臥兩用椅列車。

　　除以上觀光號與莒光號之優等客車系統之外,作為
次頭等庶民快車的系統,於1958年起配合木造客車鋼體
化專案,大量打造翻背椅客車,成為對號快/平快之標
準車廂。1968年引進之SP32550型將翻背椅進一步升級為
日本國鐵特急普通車廂用之旋轉椅;1980年起開行之冷
氣對號快車(復興號),再度將旋轉椅升級為簡易型坐
臥兩用椅。

　　除以上長途快車用車輛之外,台鐵亦存在過為數眾
多的通勤型客車,通勤型客車隨著電車化的推進,目前
大多已經退出台鐵客運舞台。

　　除了座席車廂之外,台鐵戰後也為了取代舊型的
木造臥車,利用木造客車鋼體化專案,打造了頭等,貳

等、叁等3種臥車，其中貳等及叁等臥車構造基本上與原有之木造臥車相近，僅有頭等臥車構造較特殊，除原有的單層臥鋪設計之外，引進單人小房方式的臥鋪設計（Roomette，30FS32300型頭等臥車）。台鐵西線臥車在1983年停止運用，如今已經悉數拆除不存。

　　無動力的客車雖然有運用方便的優點，但須由機車牽引，加減速性能無法提高，故在講求高效率的今日已不適合，台鐵最新的10年購車計畫已無新購無動力客車的規畫，故未來台鐵客車顯將朝減少之方向發展。

貨車

　　由於日治時期台鐵貨運已經建立完整之體制，故戰後初期維持總督府鐵道留下之體制與車輛維持貨運輸送。

　　車輛方面從1950年代起，延續戰前的鋼體化方向，除特殊需求外，新造貨車全面以鋼體結構為主。1955年首度新造煤斗車30H100型；1962年引進戰車專用輸送平車50F100型，新造石碴車35B100型；1968年新造全開拉門式篷車15C15000型；1971年引進篷斗車35N20000型。另於1960年代隨化學、水泥等工業發展，以業主自備之原則引進各種化學品罐車、斗車。

　　戰後台鐵貨車總數，在1967年突破6000輛，1971年突破7000輛，在1973年度之統計，台鐵貨車總數達到

中油P50L100型是台鐵史上最大型的油罐車。

7166輛，達到最高峰。貨車之行駛裝置性能提升的部分，自1957年開始2軸貨車採用雙環簧吊懸吊系統，以謀求高速化；轉向架貨車採鑄鋼製轉向架為標準，提高高速行駛之安全性，並將軸承進化為RCT滾筒軸承；近年則為提高轉向架式貨車之曲線通過性能，以採用自導式轉向架為設計規範。台鐵戰後的貨車演進，大致上不外是直接引進或模仿國外設計之同型車輛，或是跟隨國外的腳步亦步亦趨，然1980年代起隨台灣的公路網日趨完善，台鐵貨運急速衰退，雖然數十年來進行了以上各種的改進改良，目前台鐵可見之貨車車型種類與數量已經不多。

自走客車

台鐵戰後初期所接管之總督府鐵道汽油機動車，在戰爭末期因缺乏燃料及維修零件，幾乎已經完全不能

DR2500型柴油客車原廠形式圖。

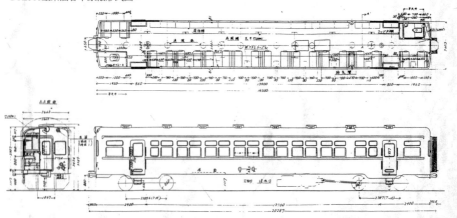

運用。戰後雖予以努力修復，然因故障多又缺乏維修零件，故可用率極低。但汽油機動車可單輛運轉，機動性高又無煤煙，深受旅客喜愛，因此當局一直想辦法予以修復改良以便投入營運。1950年代初期，引進美國Cummins（康明斯）牌NHHB600型200馬力臥式柴油引擎，搭配美國雙盤（Twin-Disc）公司出品的液體變速機，裝於原有之2300及2400型大型機動車使用，成效良好，證明此種搭配可達成穩定的高速長途運轉，從此Cummins臥式6缸柴油引擎系列便成為台鐵柴油動力自走客車的不二選擇。

台鐵於1955年起引進新型的「柴油飛快車」DR2500/2600系列，車身採用類似當時日本國鐵新型柴油機動車的巴士窗設計，動力系統更上一層採用加裝機械增壓器的NHHRBS600型300馬力Cummins臥式6缸柴油引擎，剎車系統採用電磁直通軔機，以其優異的性能，首創北高間5小時30分的最快紀錄，此種柴油特快車，雖然其內裝豪華舒適程度不及坐臥兩用客車，但仗著高速的

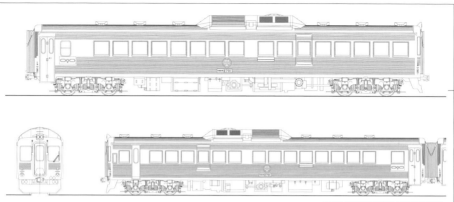

優勢，一舉成為台鐵王牌列車。

　　1966年，引進後繼車款DR2700系列。DR2700系列再度將引擎提升為加裝渦輪增壓機的NHHRTO-6-B1型335馬力Cummins臥式6缸柴油引擎，最大特徵為採用美國RDC之設計概念，車體採用不銹鋼車身，引擎散熱器移至車頂，以此車輛開行「光華號」特快車，再創下台北高雄間4小時45分的最快紀錄，其全銀色無塗裝波浪板不銹鋼車身令人彷彿有搭上美國大陸的特快車之錯覺，順理成章成為1960年代極受歡迎的台灣陸上最快的交通工具。

　　DR2700型速度快外觀美而受歡迎，然而沒有空調設計，因此到了1980年代，台鐵配合台東線改軌（東拓）完成而引進DR2800型空調柴油客車供非電化區間運用。DR2800設計上沿襲DR2700之思維，但設有空調，車窗也改為固定式大窗，運用上做為非電化區間的「自強號」使用。柴油自強號在DR2800系列之後，後續還引進了2900、3000、3100型之改良版增備車組。

話題轉回到台鐵西線方面，配合鐵路電氣化，光華號的後繼車種為電聯車EMU100型。EMU100型為英國國鐵工程公司（BREL）設計，其車體設計以英國國鐵Mark 2城際客車為基本，座椅配合台鐵需求採用坐臥兩用椅，空調系統使用莒光號的同款箱型冷氣，自此台鐵首度出現將自走客車的速達性以及坐臥兩用優等客車的舒適性合為一體的車輛。EMU100型電聯車為1M4T 5輛為1組的設計，由前而後為電力車（EP）、馬達車（EM）、拖車（ET）2節、駕駛拖車（ED）。多組連掛可以總控制運轉，最多可用3組連掛。此外，EMU100型為台鐵首度使用無搖枕式轉向架之設計，軔機系統也是台鐵首度採用電碼控制式氣軔系統，因此車輛本身先進設計再配合電氣化之路線改善，北高間再度縮短為4小時左右。

　　在EMU100型之後，台鐵後續引進歐系的EMU200、EMU300型為電聯車自強號的改良版增備車組，然而這些車型之動力系統彼此之間並不相容，無法混合連掛運用，零件取得不易也無法相通，到了1990年代造成許多故障問題，因此當時台鐵當局決定放棄特快電聯車，改為採購推拉式列車做為電車自強號的後繼主力車種，一口氣採購了400輛，一時之間台鐵的頂級車種由電聯車轉為推拉式客車。

　　到了2000年代中期，台鐵配合東線電氣化，決定引進傾斜式電聯車，第一批由日本日立公司得標，新造TEMU1000型「太魯閣」號電聯車。此種日式電聯車，乃以日本九州鐵路公司885系設計為基礎，其設計累積日本國鐵50多年電車化的專業智慧，因此引進之後其高性能與高可靠度讓台鐵當局對電聯車的想法完全改觀。同時因推拉式自

強號在引進之後成效不如預期，故自TEMU1000型之後，台鐵再度將城際列車改朝電聯車方向思考，除後續採購之普悠瑪號傾斜式列車亦為電聯車設計之外，並且在近期規畫之10年購車計畫，城際間列車規範要求已定針為電聯車之設計。

除以上城際間列車用之自走客車外，台鐵局自從戰後到1980年代末期以前，除了日治時期所遺留之汽油機動車之外，並未新造以通勤為目的之自走客車。但自走客車之高加減速特性，是非常適合用來當作通勤列車使用。台鐵遲至1989年，因舊式的無空調通勤客車以及降級運用的單門式白鐵柴客已完全不符合實際通勤需求，始引進第一款通勤電聯車EMU400型。EMU400型為南非UCW公司設計製造，機械結構上接近EMU200型，為MTTM 4輛1組之設計，多組連掛可以總控制運轉，最多可用3組連掛。EMU400型僅引進48輛，之後隨著台鐵西線都會化程度提高，急需大量的通勤電聯車，故在1990年代的810輛購車計畫中，新造544輛通勤電聯車，該案由韓國大宇重工得標，動力採用西門子公司系統，韌機為Knorr產品，轉向架為ABB產品，系統整合為大宇重工。

時至2000年代，台鐵配合「捷運化」政策之160輛通勤電聯車案，最後由唐榮鐵工廠鐵道車輛廠後身之台灣車輛公司得標，在日本車輛公司技術支援下，新造8輛編組方式的EMU700型。之後之296輛通勤電聯車案再度由台灣車輛得標，同樣在日本車輛技術支援下，新造8輛編組方式的EMU800型。EMU700與800型的大量投入，使得台鐵短程旅客輸送品質獲得極大改善。

早期高雄地區附近之代表性台鐵車輛

　　日本領台之後，才正式規劃高雄地區鐵路幹線，規劃由府城（台南）至打狗間之鐵道，作為縱貫線之一部分，並以南端之打狗港為出海口。初期鐵路建設由打狗港開始向北建設，此條鐵路稱為「南部線」，南部線之鐵路機車車輛初期均編為奇數號，以與北部線區分，以1899年10月的改號後結果為例：

1號：繼承自臨時鐵道隊

3號、5號：台灣鐵道會社收購車

　　之後依此方式編號，但原本使用於北部線的機車被送到南部線時，不再修改編號，沿用原本的偶數號。故從資料上可看到1904（明治37）年度結束時為例，南部線配置以下之機關車：（偶數號者均為從北部線轉送過來）

1號、22號：（10號型）

3號、5號：（14號型）

7號：2-4-0型機關車（即目前保存於台北市二二八紀念公園內之9號機關車）

9號、11號、13號、15號、17號：（18號型）

8號、12號：清朝2-6-2型機關車（3號型）

18號、20號：（10號型）

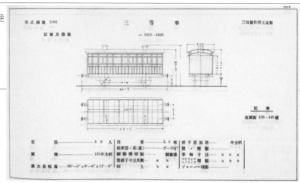

日本三田製作所1897年所製造的叁等客車，與輸出台灣類似車款。

　　以上之編號方式在此之後即配合台鐵縱貫線即將全線通車而廢除，車號與北部線機關車一併重新編訂為日後一般所熟知的編號。

　　除以上機關車之外，也將客貨車撥分一部分供南部線使用，特別是台灣鐵道會社向日本三田製作所採購之客貨車輛，因固定軸距太長不適合當時的北部線使用，因此幾乎都被送到南部線使用。

　　在縱貫線全線通車之後，南北間客貨車輛即可互通無礙，不過機關車的部分，因有配屬段的制度，故以高雄為中心，曾經有以下之值得一提之機車車輛曾是長期配置於高雄，特予介紹如下：

南部線初期之機關車群

·南部線1號機關車

　　在1899年由打狗開始進行南部線的建設工事後，該年10月南部線所使用的3輛機關車，分別編號為1、3、5號，其中1號是原本的陸軍臨時鐵道隊166號（另有一說為167號）。166及167號機關車，為1893年英國Beyer

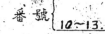

蒸汽機關車圖

六輪聯結六輪機關車

E.10

番號 {10〜13}

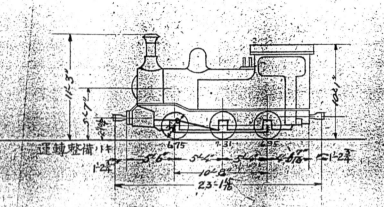

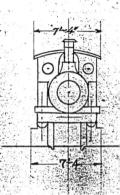

台鐵10號機關車形式圖（1920年）。

Peacock公司製造，0-6-0型水櫃式，由東京市水道局購入，作為淀橋淨水場建設工程用的機關車。1894淨水廠工程結束，這2輛機關車由鐵道廳購入，之後被送到台灣。來台後其中1輛被送到打狗，成為南部線的1號機關車。南部線1號機關車在1905年再度被改號為10號，長期都在南部使用，到1937年度廢車為止，幾乎都固定配置在高雄機關庫，可說是高雄地區鐵道機關車的元老以及最有功勞的1輛機關車。

・南部線3、5號機關車

是成立失敗的台灣鐵道會社向美國Baldwin公司採購的2-4-2型水櫃式機關車。原編號1〜4號，由總督府鐵道部收購後，將其中2輛撥交南部線另2輛撥交給北部線，南部線之2輛分別重新編號為3及5號。在打狗台南間通車當時，這2輛車是南部線的主力機關車。1905年，3號被重新整編為14號，5號被整編為15號。

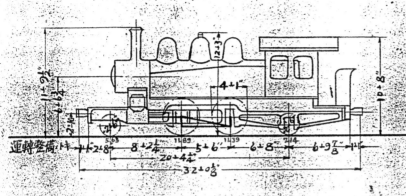

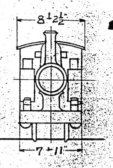

台鐵14號型機關車形式圖（1920年）。

·南部線7號機關車

　　1871年英國Avonside公司製造，2-4-0型，為1872年日本官設鐵路通車開業當時之主力機關車群之一。1901年從日本送到台灣南部線使用，起初為7號（據信這應該也是其原本在日本內地時之車號），1905年改編為9號。此車來台後多年都是在高雄及南部地區活躍。1915年度

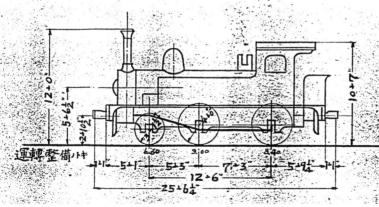

台鐵9號機關車形式圖（1920年）。

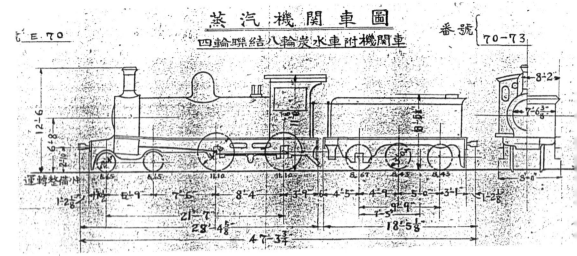

蒸汽機關車圖
四輪聯結八輪炭水車附機關車

E.70

番號 70-73

台鐵71號型機關車形式圖（1920年）。

從高雄機關庫調動到台北機關庫使用，最後在1925年度廢車，廢車後就被送到台北新公園（現二二八紀念公園）展示至今。

屏東線的英國紳士

・台鐵70號型機關車

原本為鐵道部成立初期的長途客運快車用機關車，係1908～1909年英國North British Locomotive公司製造之4-4-0型煤水車式機關車。此款機關車車輪配置之設計最早是用在美國橫貫鐵路早期的旅客牽引機車，故稱為「American」型，但因製造廠是英國廠商，故其造型設計卻是徹底的英國風格。本形式原本是預定使用在縱貫線的長途客運快車，但引進台鐵後不久，隨著200型的新型大型旅客機關車引進後，於1914年全車移至高雄機關庫，供通車不久的潮州線使用，自此有約20年的時間都

是配置在高雄機關庫運用於潮州線，到了1936年度才轉送到宜蘭線。

身世曲折離奇的機關車

・台鐵100號機關車

　　此車為1908年所購入之2-6-0型水櫃式機關車，製造廠為美國ALCO，同型車僅有1輛，並未列在原本的採購計畫內，也非屬當時鐵道部所設定的3款標準機關車設計，因此應是為了配合台鐵縱貫線通車機力不足，緊急蒐購而來的庫存新品機關車。此車與日本本土的2850型

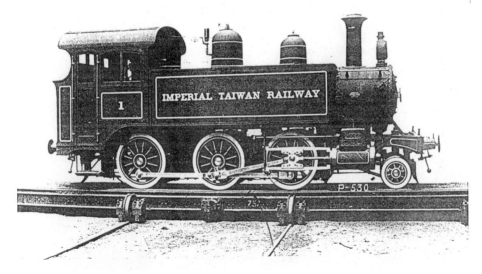

台鐵100號型機關車製造商竣工圖（故洪祖仁提供）。

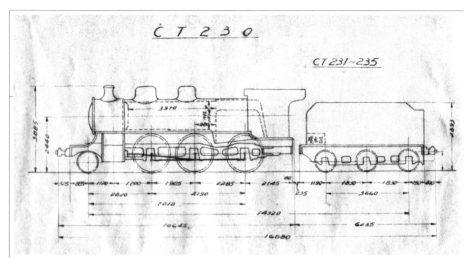

台鐵C50（CT230）型機關車形式圖（1951年）。

極為類似，但製造年份與製造廠並不相同，來歷怪異，是有未解疑團的機關車。本車在1927年度起轉調到高雄機關庫，直到1938年廢車為止有10年期間在高雄使用。此車在台鐵廢車後並未被拆解，事實上是重新整備並改軌為1000mm軌距後被送到日本勢力下中國山西的同蒲鐵路使用。本車在中國解放後仍持續使用，並重新編定為MG52型，據稱使用到1970年代才報廢。

帝國海軍的遺留品

‧C50型機關車

C50 1～5這5輛機關車原本是日本鐵道省的機關車，1928年製造2-6-0型煤水車式，新製以來長期都在北九州地區使用。1941年由日本海軍徵用，日本方面之紀錄疑似是要送到海南島，但在戰爭結束當時這5輛車卻是出現

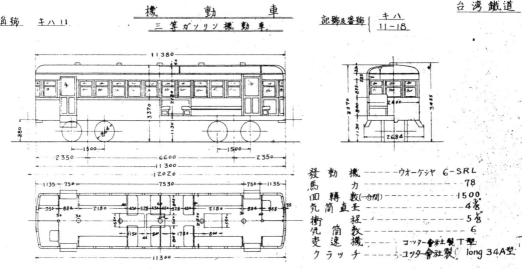

11380

3370

3870

2400

2370

2684

880

1500　1500

2350　6600　2350
11300
12020

1135　75　7530　750　1135
2180　2180
11300

發　動　機 ------ ウオーケシヤ 6-SRL
馬　　　力 ------ 78
囘　轉　數(一分間) ------ 1500
气筒直徑 ------ 4 3/4 吋
衝　　　程 ------ 5 1/8 吋
气筒數 ------ 6
変速機 ------ コッター會社製 T型
クラッチ ------ コッター會社製 long 34A型

台鐵キハ11型汽油機動車形式圖（1931年）。

在台灣的高雄地區。這5輛機關車來台後長年都在高雄及
南部地區運用，戰後移交台鐵局併入台鐵車隊中，雖然
本形式是台鐵500型（內地8620型）的後繼設計，但其行
駛性能並不理想，故在台鐵並未受到如同500型一般的重
用，於1970年前後全數報廢拆解。

高雄地區通勤輸送的先驅

‧キハ11型汽油機動車

　　1931年引進的第二批汽油機動車，內部設計為非字
型座位的通勤/近郊型車輛，初期分別配置於基隆、彰
化、高雄，供北、中、南三地都會區的短距離區間輸送
之用，其中12～15號配置於高雄機關庫，是高雄地區首
度出現的通勤/短距離輸送為主要目的的鐵路自走機動車
輛，可說是高雄地區通勤輸送的始祖車輛。

台灣車輛
圖鑑

蒸汽機車
Steam Locomotives

　　世界第一部蒸汽機車是在19世紀初由英國人理查•特里維西克所製造，主要由蒸汽鍋爐、車架、行走部、制動設備以及貯存燃料和水的煤水車等組成，靠著蒸汽機作為動力來源，整部蒸汽機車即是所謂的外燃機。直到第二次世界大戰結束時，蒸汽機車仍是最常見的鐵路車種。20世紀中開始被內燃機車取代，現今已少有國家使用。台灣鐵路蒸汽機車的鼻祖為1887年由德國製造的騰雲號，後續則以日本引進為主，再經過重新編號，如CK124與日本國鐵C12型同款，DT668即是日本D51型，而稱霸日治時期鐵道的時速之王CT273（單機最高時速100公里）為日本C57型，直到1984年才正式退役，堪稱台灣在線奔馳最久的蒸汽機車。

騰雲號蒸汽機車

● 年代：1888年
● 軌距：1067mm
● 最高時速：35公里

命名典故

1888年劉銘傳一面興建鐵路，一面向德國購置了2部蒸汽機車，並賦予「極快速」之意命名為「騰雲一號」，最高時速為35公里。

　　騰雲號是台灣最早引進的1部蒸汽機車。時任台灣巡撫的劉銘傳一面興建鐵路，一面向德國購置了2部蒸汽機車，並命名為「騰雲一號」及「御風二號」。起初騰雲號行駛於錫口至大稻埕間，直到1891年台北一基隆間鐵路竣工後，騰雲號與御風號便同時行駛於基隆一大稻埕，主要作為新建路線的工程用車，以及運送大稻埕碼頭的貨物。

　　1895年進入日治時期後，騰雲號仍繼續營運於北部路線，直到1924年才正式退役，終其一生皆擔任貨物運輸及調車工作。

　　退役後的騰雲號由當時台灣總督府博物館（今國立台灣博物館）保存安置於台北新公園（今二二八和平紀念公園）內，直到1987年才首次進行大規模的翻修。1999年台鐵局進行第二次整修，惟考量保有其歷史性，騰雲號並未更換新鍋爐，故無法如其他蒸汽機車般再度復駛。現今全世界僅存同型3輛蒸汽機車中，就屬騰雲號保存情況最佳。

目前停放於台北市二二八公園的騰雲號為台灣最早引進的蒸汽機車。（古維攝）

蒸汽機車縱貫台灣

台北－新竹鐵路開通後，除了早期的騰雲一號和御風二號外，劉銘傳先後又向英國買進了6輛同款式的水櫃式蒸汽機車（分別為御風三～五號、掣電6號、超塵7號及攝景8號），至此基隆－新竹間共106.7公里的鐵路運輸，完全由這8部蒸汽機車負責。

簡潔外型

騰雲號外型極為簡潔，為四輪水櫃式蒸汽機車，重量16公噸，牽引力可達2300公斤。

-CT270-

- 年代：1942年
- 軌距：1067mm
- 最高時速：85公里

花蓮機務段仍可見到CT273的身影。（古庭維攝）

CT273於台東線玉里站。（古庭維攝）

台鐵CT270型蒸汽機車與日本國鐵C57型蒸汽機車同型，為台鐵速度最快的蒸汽機車，時速可達85公里。台灣共有14輛，停用後被保存5年才正式報廢。目前共保存4部，分別為 CT271、CT273、CT278、CT284。其中 CT273 蒸汽機車於2014年鐵路節復駛。

-CT150-

- 年代：1918年
- 軌距：1067mm
- 最高時速：75公里

台鐵CT150型與日本國鐵8620型是同一機型。是台灣鐵路同一機型中使用最多的客貨兩用型之蒸汽機車，台鐵編號為：CT151～CT193。

早期停放在嘉義車庫，1999年苗栗鐵道文物展示館成立後，便自嘉義移出靜態保存於該館，是目前台灣唯一一部CT150型蒸汽機車。

早年安置於嘉義機務段車庫的CT152蒸汽機車。（朱聖隆攝）

CT152蒸汽機車。（朱聖隆攝）

-CK120-

- 年代：1936年
- 軌距：1067mm
- 最高時速：85公里

保存於彰化扇形車庫的CK124為第2部動態復駛的蒸汽機車，因地利之便經常行駛於集集線與舊山線上，在籍期間亦為中部路段和集集線上的重要機關車（國片《KANO》行駛的蒸汽機車即為CK124）。

修復後的CK124優雅地穿梭在舊山線三義勝興間。（廖健竣攝）

-DT650-

● 年代：1939年
● 軌距：1067mm
● 最高時速：85公里

DT668為台鐵第3部復駛的蒸汽機車，屬DT650型，在籍期間活躍於北部路段及內灣線作貨運牽引，在電氣化初期亦可見其行駛於內灣線上。

彰化扇形車庫中亦可看見DT668
停靠其中。（古庭維 攝）

DT668在海線台中港至清
水間奮力地向前奔馳。
（古庭維 攝）

-林鐵28噸- Shay

- 年代：1912年
  （1998年復駛）
- 軌距：762mm
- 最高時速：85公里

阿里山鐵路共有兩種Shay的型式，一種是18噸級Shay，1910～1912年生產，專門用於平地段與林場線，目前仍等待修復；另一種是28噸級Shay，1912～1917年生產，專門用於登山路段，已經修復25、26、31號3部。25號蒸汽機車配屬嘉義北門車庫，31號蒸汽機車配屬阿里山車庫，是當前阿里山鐵路觀光列車的重要主角（引自蘇昭旭《台灣輕便小火車》頁122）。

為森林產業而生

Shay Geared Locomotive 「直立式汽缸齒輪式」蒸汽機車是為了阿里山林業而生產。其中28噸級Shay，專門用於登山路段。

嘉義竹崎站的林鐵28噸Shay型蒸汽機車。（廖健竣攝）

已修復的Shay26號是台灣762mm軌距蒸汽機車復駛的首例，且是唯一尚使用「燃煤鍋爐」的蒸汽機車，惟考量環保問題，現今除重大活動外較少使用。Shay31號則是改造使用「重油鍋爐」的代表，其動力足以負荷攀登山路，2005年啟用檜木車廂，更增添了台灣森林鐵道的懷舊氣息。

　　至於Shay25號，2006年9月15日改為燃油鍋爐宣告復活，是復駛的第3部，配屬嘉義北門車庫，經常使用於嘉義至竹崎平地段以及低海拔的登山路段。

鐵道館的Shay26及Shay31號

鐵道館製作並行駛於阿里山林鐵中的是已修護的Shay26號及Shay31號。其中Shay26號1999年在嘉義北門正式宣告復活。Shay31號於2005年後啟用檜木車廂，在花季盛開的日子每每可看見其穿梭於阿里山間的身影。

INFO

蒸汽機車定期客運紀錄

Shay25號在阿里山鐵路尚未民營化之前，曾經運行嘉義至竹崎間，例假日蒸汽機車牽引檜木車廂定期營運，直到2008年3月才停駛。寫下台灣21世紀，阿里山鐵路蒸汽機車「定期」客運的歷史紀錄。

-DT580-

- 年代：1922～1932年
- 軌距：1067mm
- 最高時速：65公里

由台灣總督府鐵道部引進，日本型號為9600型，屬煤水車式蒸汽機車，性能良好戰後改名為DT580型（編號也重新修正為DT581到DT619）蒸汽機車，並持續使用到1980年初期才全數報廢。是台鐵「貨運用蒸汽機車」中數量最多的一型。

功成身退的DT580型蒸汽機車。（廖健竣攝）

今日在打狗鐵道故事館後方的鐵道公園內還可覓得CT250型蒸汽機車的蹤跡喔！（廖健竣攝）

-CT250-

● 年代：1935年
● 軌距：1067mm
● 最高時速：85公里

　　日治時期辦理「始政四十周年記念台灣博覽會」，為了運輸大量參觀旅客，特地自日本引進當時最新型的C55型蒸汽機車，這是台鐵史上第一次和日本同步啟用最新型蒸汽機車，戰後台鐵局將其改編成CT250型蒸汽機車，並使用至1982年才完全報廢停用（目前保存於打狗鐵道故事館，及台南市體育公園）。

柴電機車其實是柴油機車的一種，顧名思義是以柴油引擎來帶動發電機發電，相較於柴液機車須透過液體變速機，柴電機車效率高、馬力強且保養方便，是台鐵柴油機車類型的主力，台鐵於1960年首次引進使用。雖然其機身巨大笨重，但卻是行駛長距離非電氣化區域的絕佳選擇。不過，這也意味著隨著台灣鐵路電氣化的普及，未來柴電機車的發展空間將越來越少。台鐵為數最多的柴電機車是R20型，最高時速可達100公里，在當年尚以蒸汽機車為主的年代，可說是每個火車司機爭相駕駛的對象，1970年後又引進比R20型馬力更佳的R100型，迄今幾乎全數在役。

-R20-

● 年代：1960年
● 軌距：1067mm
● 最高時速：100公里

↓

R20型柴電機車，是台灣鐵路管理局首度啟用的柴電機車，堪稱台灣鐵路機車柴油化之先驅，自1960年至1966年間總共引進52輛，數量居冠。1960年代大多數高級旅客列車，均以R20型作為主要牽引用機車。台鐵西部幹線電氣化以後，R20型則主要使用於普通車、貨運、行李等車，在東部幹線則牽引包含復興、莒光號、快車在內等客貨列車。現今仍有23輛使用中。

早期藍色塗裝版的R20型柴電機車。

R37 R37

R20型柴電機車在台中港線牽引貨車。（廖健竣攝）

-R100-

- 年代：1970年
- 軌距：1067mm
- 最高時速：110公里

1970年台鐵為了進一步提升柴電機車的運輸效能引進R100型，最初主要作為牽引西部幹線莒光號的專用機關車，直至1979年西部幹線完成鐵路電氣化後，才改行駛於東部幹線。由於其啓動時加速度慢，機械構造較簡單，本身又為柴油動力無須使用電車線，任何正規路線及鐵路場站均可運轉，所以亦擔任台鐵局用來訓練新進司機的駕訓車。

悠遊於台東線的R100型柴電機車。（廖健竣攝）

1963年台鐵採取世界銀行運輸顧問的建議，決定實施支線與調車全面柴油化，因此誕生了S300型台灣第一款真正完全為支線與調車專用的柴電機車，搭載2顆牽引馬達，非常輕量化，最高時速75公里。目前S300型僅存一輛S318於彰化機務段，作為扇形車庫調度專用機車，其餘幾乎已退役報廢。

-S300-

- 年代：1966年
- 軌距：1067mm
- 最高時速：75公里

保存於泰安站的S300型柴電機車。（廖健竣攝）

電力機車
Electric Locomotive

電力機車是指從外界擷取電力作為能源驅動的鐵路機車，台鐵自1979年西部幹線電氣化後，先後引進E100型、E200型、E300型、E400型、E1000型等5款，其中又以E200型為主力，E1000型則為現今大家最為熟知的自強號車款之一。

-E200-

- 年代：1975年
- 軌距：1067mm
- 最高時速：110公里

　　此款車是台鐵配合十大建設縱貫線電氣化，自1975年起陸續從美國通用電氣（GE）購入的大功率電力機車，主要牽引縱貫線、宜蘭線及北迴線的莒光號及復興號列車，行駛超過30年，也是一般民眾對台鐵「火車頭」最普遍的外型印象。

E200型機車頭胸前美麗的線條弧度勾起無數民眾年少時代的回憶。（廖健竣攝）

-E1000-

- 年代：2006年
- 軌距：1067mm
- 最高時速：130公里

外型流線的E1000型俗稱PP車（Push-Pull, PP），為台灣第一款推拉式列車，由2輛動力機車加掛12節車廂，是目前西部幹線自強號的主力車種。車內硬體設施如廁所、通道門、車門、車廂內外顯示器等全部採用自動化設計。

火車快飛！自強號在鐵道山線的路上正開往銅鑼三義呢！
（廖健竣攝）

柴油客車與柴聯車

Diesel RailCar & Diesel Multiple Unit

台鐵柴油客車是指以柴油引擎為動力，驅動車輪自力行走的動力客車，且每節車廂皆可雙向運行；爾後發展以2至3輛編成固定組合（車組形式為「動力駕駛車—電源拖車—動力駕駛車」）稱為柴聯車。台灣的柴油客車皆為日系車種，歷史悠久且種類繁多，而其中最具知名度者莫過於DR2700型「光華號」，1966年引進於西部幹線行駛時，創下時速100公里的紀錄，其閃亮的不鏽鋼車體也讓它獲得「白鐵仔」的稱號。自光華號後，台鐵可說是正式進入柴聯車的時代。

-DRC1000-

● 年代：1998年
● 軌距：1067mm
● 最高時速：110公里

在過去，柴油客車並無空調系統，為了改善乘客搭坐的舒適性，1998年台鐵自日本引進了這款「冷氣柴油客車」，並全面用於鐵道支線，為支線的服務品質立下新的里程碑。也因為車廂前後皆有駕駛室，在車輛編組上更有彈性（內灣線3節編組、集集線5節編組、平溪及林口線則是雙節編組），內部亦調整成通勤長條椅以容納更多的乘客。

每到假日便遊客如織的平溪線，全靠每小時一班的DR1000型柴油客車接駁。（廖健竣攝）

-DR2200-

- 年代：1928年
- 軌距：1067mm
- 最高時速：95公里

柴油客車是台灣支線鐵路如平溪線、集集線、淡水線、東港線等的運輸主力，前後皆有駕駛台的設計使其無須掉頭折返，且隨著平、假日人潮變化可增減聯掛車廂數量。70年來它們的身影在支線鄉間奔馳，承載了無數人的成長記憶與鄉愁。直到1998年才全面退役，是台灣最古老的柴油火車。

保存於台東車站的DR2200型柴油客車。（廖健竣攝）

-DR2700-

● 年代：1966
● 軌距：1067mm
● 最高時速：100公里

DR2700型是台鐵第一列不鏽鋼製柴油客車，1966年向日本購入，以「光華號」為名行駛於西部幹線，最高時速100公里，創下當時台北到高雄4小時40分的最快行駛紀錄，加上搭車還免費附贈便當和水果，「物美價廉」廣受民眾喜愛，連1970年登場的莒光號冷氣車都無法與其抗衡。其不鏽鋼車體與當時黑色的蒸汽機車形成強烈對比，因此也獲得「白鐵仔」的稱號。

1979年隨著西部鐵路及北迴線電氣化完工，時速120公里的自強號強勢問鼎，取代了光華號的地位，光華號於是先後被改作「柴對快」及「柴快」使用，1994年逐漸淡出西部幹線，1996年隨著通勤電聯車的完備，正式退出西部幹線的行列，改行駛於花東線和南迴線。2014年花東線進入電氣化時代，柴油客車終被電聯車取代。

DR2700型是台鐵所引進的柴聯車中歷史最悠久也是性能最佳的車款，它耀眼的白鐵車身及轟轟作響的引擎聲，在所有乘客記憶中留下深刻的印象。

行駛路線

早期行駛於西部幹線，曾創下台北到高雄4小時40分的最快行駛紀錄，後改行駛花東及南迴線，目前已停駛。

光華號堪稱台鐵經典車款中的經典，馳騁於西部幹線的銀色身影令人難忘。（廖健竣攝）

特殊內裝

DR2700型是首批車體內部中間以一道拱門隱藏散熱管線的柴油客車，拱門上還鑲以金屬飾板裝飾，因而有「月洞門」之稱，是本款車內裝最大特色，後續多款柴油客車與柴聯車皆沿用DR2700型拱門的設計。
（古庭維攝）

特殊外觀

早期作為「光華號」使用時全車皆為閃亮的銀色，因與當時黑色的蒸汽機車形成強烈對比，獲得「白鐵仔」的稱號。

-DR3100-

- 年代：1998
- 軌距：1067mm
- 最高時速：110公里

DR3100型目前主要運行路段為東部幹線及南迴線。台鐵於1998年引進這款空調柴聯車時，原是為了提升東部幹線運能，並在宜蘭、北迴線電氣化前舒解壅擠的乘車人潮。待環島鐵路全面電氣化，台鐵則不再購入柴聯車，因此本型車可說是台鐵末代柴聯自強號。

柴油客車與柴聯車 ● Diesel RailCar & Diesel Multiple Unit

記憶中南迴鐵路的風光明媚，少不了DR3100的身影。（廖健竣攝）

中興號停放於嘉義北門
車庫。（廖健竣攝）

-中興號-
無空調柴油客車

● 年代：1963年
● 軌距：762mm
● 最高時速：約55公里

　　中興號啓用於1963年，是阿里山
林鐵最早有聯控裝置的柴油客車，又
分為DPC動力車和DTC無動力拖車兩
種類型，皆為日本原裝進口，不過後
續曾自製幾輛拖車使用。在開行之初
曾創下嘉義到阿里山間行駛時間最短
的紀錄，持續了27年。目前中興號僅
保留DPC7與DPC8於北門機廠，於
2006年底復駛，不過因為零件取得不
易，除了特定專車外，已鮮少動態行
駛，多作靜態保存。

電聯車

Electric Multiple Unit

電聯車（英文簡稱EMU），即以電力驅動動力分散式的列車（動力分散式列車亦即將原有機車頭的功能如集電弓、具牽引動力的馬達等裝置分散至各節客車），通常多為3至5輛固定編組。由於列車到站後可直接折返駕駛，且不須機車頭牽引，運作效率較高，是20世紀鐵路客運的新星。

台鐵自1978年引進使用迄今30餘年，約可分為自強號與通勤電聯車2大類，如來自英國的EMU100型自強號電聯車、擁有貌似卡通小叮噹裡阿福臉型的EMU700型（俗稱阿福號），以及可愛圓弧設計的EMU800型微笑號都是重要的經典車輛。另外值得注意的是，為了解決彎道與坡度問題，2004年引進了外型流線的傾斜式電聯車（Tilting-EMU）太魯閣號（TEMU1000型），以及2012年普悠瑪號（TEMU2000型）的加入，更將台鐵車輛提升到不論在速度、空間、與服務上都堪稱是最佳的新境界。

INFO

舒適好坐的特殊構造

EMU100型電聯車乘坐時舒適且安靜，全歸功於裝設於車底的雙重彈簧，車輪和鋼軌間的震動透過第一層英製夾層橡皮彈簧吸收，再經第二層德製空氣彈簧吸收後，幾乎阻隔掉所有的震動感。此外車廂下方還裝設了「調整閥」和「抗搖桿」，「調整閥」會依據乘客多寡自動充氣或洩氣使地板高度永遠與月台平行，「抗搖桿」則可抗衡車輛行經彎道傾斜時的搖晃力量。（廖健竣 攝）

擁有英國血統的EMU100型電聯車曾以時速120公里飛馳西部幹線。（廖健竣 攝）

-EMU100-

- 年代：1978年
- 軌距：1067mm
- 最高時速：120公里

這款由英國引進的台灣電聯車鼻祖，即為現今大家耳熟能詳的「自強號」最初所使用的車款，是電氣化後台鐵最快速的車種，1979年以後取代DR2700型柴油客車光華號，以每小時高達120公里的速度載運著往返各地的旅客。

它塗裝色調柔和，擁有圓弧車身的外表，乘坐時舒適且安靜，因此，即使剛開始運行時車資昂貴，仍吸引無數民眾爭相搭乘，甚至出現一票難求的盛況。

然而時速120公里的自強號需要更長的剎車時間，通車後因民眾闖越發生平交道事故頻仍，加上機械老化經常故障，隱然預告著EMU100面臨退場的命運，終於在2009年正式引退。

外表圓弧柔和
EMU100型電聯車塗裝色調柔和，擁有圓弧車身的外表，十分討喜。

台灣電聯車鼻祖
EMU100型電聯車，是「自強號」最初所使用的車款，也是電氣化後台鐵最快速的車種。

哈瑪星台灣鐵道館 | 第四篇 | 奔馳百年的台灣車輛

阿福號兼具安全與環保性能，
特殊的造型讓人過目不忘。
（廖健竣攝）

-EMU700-
（阿福號）

● 年代：2007年
● 軌距：1067mm
● 最高時速：110公里

EMU700型是台鐵首次採用RAMS，依可靠度（Reliability）、
可用度（Availability）、維修度（Maintainability）與系統安全
（System Safety）等車輛系統保證規範購買，且兼具環保概念的車
輛，主要是因台灣西部幹線隨著高鐵營運而推動台鐵捷運化購買，
擔任區間快車的主力。其車頭前方突起的造型因頗似哆啦A夢中阿福
（小夫）臉型，因而被鐵道迷戲稱為「阿福（小夫）號」

「微笑號」的暱稱來自於EMU800型車頭
如上弦月般黃色的圓弧，這是台鐵首次採流線
型設計通勤電聯車，內裝類似捷運座椅配置，
並採人體工學絨布。值得一提的是第1、8節車
廂無障礙區，可停放輪椅及自行車，最高時速
可達130公里，是性能相當優越的車款。初期
行駛於西部通勤區間，未來則計畫推出只停靠
大站的區間快車。

-EMU800-
（微笑號）

● 年代：2012年
● 軌距：1067mm
● 最高時速：130公里

擁有黃色月弧的微笑
號擁有不少忠實粉
絲。（廖健竣攝）

流線車身搭配全烤漆塗裝，帥氣風發的太魯閣號仍是現今台鐵招牌列車之一。（廖健竣攝）

-TEMU1000-
太魯閣號

● 年代：2004年
● 軌距：1067mm
● 最高時速：130公里

因應國道5號通車後可能帶來的運量衝擊，台鐵自2006年起自日本引進的新型電聯車，型號中的T即代表Tilting，意指傾斜式，其特殊的設計在於利用傾斜控制器銷抵部分因過彎產生的離心力，讓車輛在多彎的宜蘭線和北迴線能夠提升行駛速度。而車內貼心的內裝如閱讀燈、隱藏式掛衣鉤、活動飲料架及每排座位邊皆有小窗的設計，更讓太魯閣號人氣居高不下。其命名則是首次由民間非營利組織辦理徵名活動，票選出「太魯閣號」。

為了因應東部幹線逐步電氣化，台鐵自2012年起自日本引進的第二代傾斜式電聯車TEMU2000型，採用「空氣彈簧傾斜」技術，創下台北台東間3.5小時抵達的紀錄，是現今東部幹線的主力車種。車輛內裝設備相較太魯閣號則是有過之而無不及，並首創四人對座的桌型座位，方便朋友或家族出遊使用，此外車內播放器改採LCD螢幕，車門旁通道增加大件行李置放架，都大幅提升了普悠瑪號的整體質感。

而「普悠瑪號」的命名是台鐵繼「太魯閣號」再度由民間票選徵求而來，原指卑南族部落大首領所在地，亦有集合團結的意思。

-TEMU2000-
普悠瑪號

● 年代：2012年
● 軌距：1067mm
● 最高時速：140公里

普悠瑪號的車身帶有原住民祖先紋面的概念，紅白相間非常搶眼。（廖健竣攝）

高鐵的引進著實改變了台灣民眾一日生活圈的範圍與休閒模式。（廖健竣攝）

-高鐵700T-

- 年代：2005年
- 軌距：1435 mm
- 最高時速：300公里

　　700T型是台灣高速鐵路的高速列車，設計源自日本新幹線700系列，並配合台灣環境、氣候、營運需求等調整部分設計，為新幹線技術首次外銷海外的第一款列車，「T」代表台灣。全車由9節動力車廂加上3節拖車（1、5、12號車廂）組成，以每小時300公里的時速寫下北高最快90分鐘的紀錄。

-高雄捷運-

● 年代：2008年
● 軌距：1435 mm
● 最高時速：80公里

相較於輕軌列車，高雄捷運是動力分散式電聯車，為台灣第二座大眾捷運系統，分紅、橘兩路線，其中紅線的橋頭車站到世運站間為高架段，紅線的南岡山站、橘線的大寮站為平面路線，其餘皆行駛於地下。

高雄捷運穿出地下輕快地行駛於高架段。（廖健竣攝）

-高雄輕軌-

● 年代：2016年
● 軌距：1435mm
● 最高時速：60公里

高雄捷運輕軌列車為動力分散式電聯車，採超級電容電池供給方式推進，全線使用鋼輪鋼軌，由西班牙CAF公司組裝製造，為全亞洲第一個採全線無架空線的輕軌系統。未來將沿著高雄哈瑪星—北鼓山（經美術館）—大順路—凱旋路—沿著亞洲新灣區水岸再回到哈瑪星形成環狀路線。2016年水岸輕軌局部通車，預計2019年全線通車。

輕軌的加入大幅提升高雄都會區的交通便利性。（廖健竣攝）

五分仔車
Narrow Gauge

-鹽鐵KATO-

● 年代：約1961年
● 軌距：762mm
● 最高時速：30公里

↓

台灣鹽業鐵道多使用762mm軌距，但產銷的運輸體系卻是十分特殊的「鹽糖聯運」，以布袋鹽場為例，包裝鹽先以762mm軌距的柴油機車運送到台糖布袋站，再經由台糖布袋線1067mm的鐵道運送到新營台鹽銷售倉庫，接著透過縱貫線送往台灣各地；而散裝鹽則是先運至東太子宮，再透過台鐵火車轉運出去。

1978年七股鹽場鐵道停駛後，包含德國SCHOMA柴油機車及日本加藤KATO8順柴油機車都移至布袋鹽場存放。

台灣的鹽業型態改變有其大環境的經濟效益考量，鹽鐵因為公路運鹽及機械晒鹽的影響被迫停駛，然而目前尚缺乏一套完善的鹽業文化保存系統，過去使用的柴油機車雖大多存放於嘉義布袋台鹽倉庫，但卻未見動態保存計畫，亦沒有鐵路可跑，甚為可惜。

走過台灣晒鹽風光歲月的鹽鐵KATO柴油機車，目前保存於台灣鹽博物館。（廖健竣攝）

五分仔車 · Narrow Gauge

日本加藤KATO8噸柴油機車

哈瑪星台灣鐵道館的鹽鐵模型，為日本加藤KATO8噸柴油機車，負責運鹽重責大任。目前實體保存於布袋鹽場。

762mm軌距

鹽鐵小火車所使用的軌距為762mm，與糖鐵及台鐵之1067mm軌距不同，只能行駛於鹽鐵軌道上。

鹽田及鹽鐵

台灣的鹽場歷史發源於日治時期「台灣製鹽株式會社」，戰後由國民政府接續經營，其中又以台南七股及嘉義布袋鹽田規模最大，前者廣達1800公頃，後者則是鹽糖聯運的重要運輸基地。

礦鐵
-獨眼小僧-

- 年代：1967年
- 軌距：495mm
- 最高時速：20～30公里

「獨眼小僧」是1967年新平溪煤礦公司於平溪開採煤礦的主力。車頭前方有一圓窗，造型相當可愛，透過高壓電線產生13.5匹馬力，約可拉動20～30節礦車。停止開採後的新平溪煤礦，於2002年改為台灣煤礦博物館，並開行獨眼小僧觀光小火車供民眾體驗。

新平溪煤礦機車，又名獨眼小僧。（廖健竣攝）

阿里山鐵路除了行駛蒸汽機車（外燃機），早在日治時期便引進內燃機車－柴油機車，亦即今日阿里山鐵路營運的主力。從1926年到2007年，柴油機車歷經了七代的演變，噸數從7噸、25噸到28噸，其中第七代柴油機車（DL45至DL51），是由日本進口零件但在台灣組裝的車輛，可說邁入了Made in Taiwan的新里程。

林鐵28噸DL型柴油機車

- 年代：1967年
- 軌距：495mm
- 最高時速：50公里

哈瑪星台灣鐵道館所展示的是第七代柴油機車（DL45及DL51）。

藍天白雲下，林鐵28噸DL型柴油機車的紅色身影格外耀眼。（廖健竣攝）

五分仔車 ● Narrow Gauge

糖鐵
-勝利號-

● 年代：1949年
● 軌距：762mm
● 最高時速：40公里

勝利號是1949年自日本引進的汽油客車，編號538號，在1954年時改為柴油引擎，最高時速可達40公里。配屬新營糖廠作為學甲線、布袋線客運之用，最後在1979年暫時停用，不過仍可以動態運轉，2001年底後於烏樹林園區作不定期行駛。

勝利號是台灣糖業鐵路目前唯一可自力運轉的汽油車。（廖健竣攝）

糖鐵德馬牌
柴油機車

● 年代：1977年
● 軌距：762mm
● 最高時速：40公里

德馬牌柴油機車是台糖用來取代蒸汽機車的關鍵車輛，分為A、B兩種類型，A型引擎為美製，且風缸不外露；B型引擎為德製，風缸外露且具有彈性多層的連結器，可依照牽引車廂調整高低。

哈瑪星台灣鐵道館展出的為糖鐵德馬牌柴油機車B型。

糖鐵德馬牌柴油機車於虎尾馬公厝線。（廖健竣攝）

哈瑪星駁二線迷你火車

Hamasen Pier2 Line Mini Train

-DT688-
燃煤動力蒸汽機車
（期間限定）

←

有「蒸汽機車國王」稱號的 DT650型蒸汽機車，自日治時代引進台灣，成為當時牽引力最大的貨物用機關車，並於台灣西部縱貫線風光奔馳 39 年。

-CT688-
蒸汽機車頭

電力環保運行蒸汽機車

牽引力、耐久力兼具好評的 O.S.自由型 LIFE STEAM 蒸汽機車。有著日本舊國鐵形式的機車頭帶給人實力堅強的感覺。

↓

電力環保運行蒸汽機車

　　德國國營鐵道公司設計的一般載客用動力機關車，並被賦予「草原奔馳的馬」這樣的稱號，在各國鐵路上活躍著。

-BR24-
蒸汽
機車頭

-Urbos3-
系列電車

小輕軌

　　高雄捷運輕軌列車專用車頭，為動力分散式電聯車，採ACR超級電容電池與蓄電池供給方式推進，為全亞洲第一個採全線無架空線的輕軌系統。

第五篇
籌建縮時紀實

近250處經典場景，
來場時空穿梭的鐵道旅行

葉子撰文／受訪者：高雄市立歷史博物館祕書曾宏民

「哈瑪星台灣鐵道館」，看起來彷彿是描述台灣鐵道歷史，但真正來說，陳訴的卻遠深於如此，整個展場期待展現的是循著鐵道發展，所延伸出的人類生活一切樣貌。

「哈瑪星台灣鐵道館」呈現的，涵蓋多個層面。首先，這是一個台灣近代文明史的縮影，而我們透過鐵道館的展示加以具體化，把原本可能深澀、複雜的歷史脈絡，藉由鐵道館的建置，把平面變成立體化，讓歷史場景與人事物，活生生地動起來，完整呈現在觀眾眼前。

整個展場精心規畫設計多條路線，觀者以為看到的只是火車在上面奔馳，或者地景、地貌的變遷，然則，每一條路線都有其獨特故事性，在呈現上極盡巧思，同時容納不同時空的介面，突顯穿梭時空的效果。舉例來說，想呈現高雄城市歷史，一方面不能省略當代輕軌鐵道路線，另一方面也不可排除日治時期臨港線的存在，如何將兩者巧妙融合，引領觀者穿梭百年時空之間，是挑戰也是專業。

台北區域的展示設計，同樣結合不同層次。試想過去台北車站附近的中華商場還未拆除的時期，繁華喧鬧，那樣的城市地標，在鐵道館主題設計上當然不能忽略。不過，如今台鐵與高鐵均已經地下化，三鐵共構的畫面再平常不過，在呈現上必須考量觀者的慣性觀點，

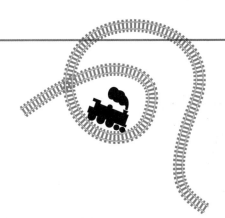

這些時空交錯的安排，煞費苦心，複雜度不斷挑戰團隊思維，規模龐大非過去經驗能夠比擬。

「哈瑪星台灣鐵道館」嚴格來說，不只是在呈現鐵道歷史，更是在展現台灣近代的產業發展史，特別是從南方出發，自日治時期開始，重返哈瑪星往外拓延的產業地圖。回溯日治時期開始，即已選定高雄哈瑪星作為現代城市發展雛形設定區，搭建臨港線，展現帝國統治台灣的決心與效率。

而後，隨著軍事需求所規畫鋪設的交通路線完成，繼之而來的糖業與鹽業共構鐵道運輸架構，綿密的各種鐵道運輸網，乘載了全台灣近代發展的責任，所經過的都留下發展痕跡，無論大小、窄寬，每一條路線都是一部台灣近代產業發展故事書，而鐵道館特別陳設台南的烏樹林五分仔車、鹽田等情境，正是要說明這些軌道間的產業鏈結關係，期待觀者能夠重新認識鐵道下的文化歷史脈絡，回顧每一個時期人事物的面貌，也就是常民文化的豐富性。

整體路線規畫上，選擇的城鎮都有其產業發展脈絡，再透過具體的建築、植被、民俗活動或特殊景物的設計，突顯地方的時空特性。例如嘉義強調田園造景，三合院、四合院的意象格外鮮明；而彰化的大佛與扇形車庫，既是地標也是鐵道迷必訪。至於台中與苗栗路段，

　　魚藤坪斷橋的意象經過冗長開會後才定調，橋墩的造型考究再考究，留待鐵道迷與觀眾來檢視。

　　對博物館方來說，風景名勝不只是好看好玩如此簡單，更重要的是每一個被挑選的場景，都具備深厚的文化資產價值，每一處都經過嚴謹的考察與歷史定位，都須兼具故事性與不可取代意義。即使只是斷橋的形式微調，都牽涉整體周邊景觀設計，乃至於建築與火車樣式都須細細考量。

　　綜合來說，「哈瑪星台灣鐵道館」挑選近250處經典場景，再加上周邊特殊建物，複雜度遠超過其他博物館陳列。整體來說，主架構依循時代路線規畫，但同時容納特定歷史時空的獨特性，在展場空間上又以錯置性並列，使其內涵層次變化豐富，視覺上合理又擬真，形式上寓教於樂，創造出讓觀者感受時空穿梭的絕妙體驗。

達人的堅持

如幻似真的
台灣百年鐵道場景模型

葉子撰文／受訪者：場景製作團隊—禾果美術模型企業社李宏庭與葉瑀珊

　　火車揚起氣笛聲，從海口載運貨物，沿路停駐繁華驛站，經過鹽田，穿越山洞，緩緩爬升進入山林，下山後靠近一覽無遺阡陌良田，然後來到台北車站，緊接著，瞧見現代化電車往東疾行，視野豁然開朗，最後遇見美麗太平洋……。

　　跟隨台灣鐵道模型列車遊台灣，短短時空裡，穿梭數百年光景。在模型創作者李宏庭「四哥」與葉瑀珊「四嫂」眼中，台灣寶島的一草一木，一瓦一舍，山海動靜，充滿無限機趣，看山早已不是山，植樹栽花完全手工，心思細膩、巧手製作超乎常人想像。

　　在鐵道模型界標準的1：87縮尺比例要求下，每一次塑形之前，總要先參酌各式各樣地圖。尤其這次鐵道模型展濃縮逾百年時空，瀏覽古今地形地圖、經典地形樣

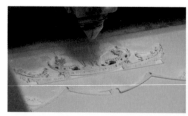
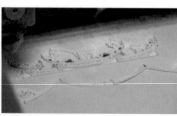

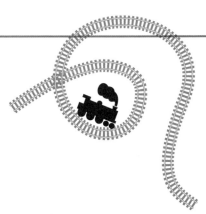

貌整合，則已耗費團隊相當長的前置作業時間。「光是
嘗試將2D圖像轉化成3D立體思維，進而演化至4D視角，
已是一項大挑戰。」四嫂葉瑪珊語帶柔和地強調著。

　　幸好四哥原是學雕刻出身，畢業後曾在中影加入場
景、道具製作團隊，跟隨過嚴謹的日本師傅學習，種種
技能整合運用在模型製作上，可說是如虎添翼。

　　展場裡的跨時空建築，各個代表時代意義，象徵物
件與建築特性馬虎不得。四哥與四嫂趁工作空檔，經常
走踏風景名勝，拿著各類圖鑑、讀著文獻史料，站在建
築物前，不斷比劃、推估長寬高比例，再將其投映在3D
列印上，進而具體折疊，幾十年功夫全用上了，細微處
連媽祖廟的雕梁畫棟、模型小人物衣著均百般考究。

　　參與這次大規模鐵道館建置之前，賢伉儷多年來經

常接獲各界模型製作邀約，知名度與專業度不在話下，但是，這一回，模型規模與複雜度更甚以往，並考量動態燈光展演搭配需求，製作期間幾乎天天面臨新挑戰。

　　然而，總是自我要求很高的他們，對於能參與此番創舉，不時透露「以後要跟孫子說這是我做的」那種驕傲感，十足熱忱戰勝難以計數的挫敗，好還要更好，浸淫在無中生有的創作樂園中。

集百年之大成的台灣鐵道車輛模型及軌道

葉子撰文／受訪者：車輛模型與行控系統（軌道）製作團隊張君瑜（FISH）與蘇軒弘（咪咪）

　　從小就是鐵道迷的Fish與咪咪（綽號），聊起火車與鐵軌等等模型事宜，原本木訥與睡眼惺忪的臉龐，頓時揚起了笑容，眼睛變得閃閃發亮，幾天幾夜趕工的疲累一掃而空。

　　這次「哈瑪星台灣鐵道館」的案例，對他們來說，彷彿美夢成真，不只是為自己事業更上層樓而奮鬥，更懷抱一種參與建構歷史現場的使命感。

　　在台灣想完成如此大規模的鐵道模型，受限於現實，許多模組與靈感均需仰賴日本鐵道模型方面經驗，從找資料、繪製零件圖到組裝材質採購，花費大筆時間與精力。幸好，兩位設計師可說是從小「玩」到大，在這領域算是台灣首選，雖然整個過程繁瑣且挑戰連連，卻始終當作一場挑戰遊戲，努力地解套與奮戰著，絲毫沒有畏懼。

　　這次展出至少包括鐵道迷瘋狂追逐的CK124、CT250、DT650以及CT273。4款火車各有特色，在不同年代各領風騷。細數此次近30餘款車種同時展示，可說是集百年之大成。每一台車具備6個面向，設計前須先參考零件加工圖推敲細節，車上的內裝與外觀則另外以雷射製模。

　　兩位資深鐵道迷分享所謂「鐵道迷真正在乎的事情」，不約而同表示，對於真實性的講究，萬不可馬虎，例如展場裡，路線與車種，以及歷史場景的搭配，

斷不可出差錯。例如「台灣貴婦」車種不該出現在當代場景，而普悠瑪或電
聯車則要在對的城市出現才行，這些細細節節，對鐵道迷來說都是學問，也
是基本的常識，考驗設計者是否夠用功，以及能否創造出前所未有的新意。

　　透過鐵道迷之眼，學習深入去觀察每一台火車的「眉角」，才發現高鐵
與台鐵的車廂，不同節次的車廂存在著差異性，例如高鐵的商務艙等分布在
第6節，車廂數僅有12節，而台鐵的電聯車在不同區段，車廂數有所不同，
編組與顏色各有講究，林林總總，作為設計者需做許多功課，甚至請教更厲
害鐵道迷尋找解答。

　　檢視這次參與經驗，兩位資深鐵道迷才發現「人外有人、天外有天」，歷經百年的鐵道館展演內容，多虧台、日許多鐵道迷傾囊相助，不吝嗇分享多年考察與追火車的大小經驗，甚至提供日治時期老蒸汽機車等零件組裝圖解，才能讓施作推展順利，所以，這次鐵道館展演可說是集台、日各方鐵道迷之力，群策群力下的創作大成果。

6種彎度軌道鋪成台灣百年鐵道

　　軌道同樣以1:80縮尺比例製作。主體採用日本的KATO品牌進行架設，選取6種彎度加以組裝。整體作業過程長達8個月，但真正軌道架設施工大約3個月。行前作業包括丈量、繪圖與組裝，材質以鍍銅為主，考量其不易生鏽特性。此次光是直線軌道就多達3100支，其他林林總總的數量已難以數清。

天片彩繪出台灣萬種雲彩

葉子撰文／受訪者：彩繪專家萬民祥老師

「知道雲彩有多少種變化嗎？」

萬老師總是對來訪者如此提問。是啊！想想有多久未曾駐足凝視天空，認真感受大自然光影、雲霧、雲雨所創作出的天然畫布？身為彩繪創作者，萬老師總是隨時眼觀八方，以五感感受周遭。當身處不同海拔時，更訓練自己快速判別當地雲層與地形的連結，找出當地獨一無二的色調。

例如高雄市隸屬海港與平原地形，與陽明山的雲層不可能相同，再加上水氣和氣溫變化，雲霧的層疊表現大異其趣，只要是明眼人，往往一眼便能透視其中奧妙。

此次接下「哈瑪星台灣鐵道館」天片彩繪的重責大任，萬老師在現場經常直愣愣地站著遠望，反覆檢視所繪天空是否與周邊景物樣貌，或與山海、植被的色調重疊，隨時修改顏色，務求從0到近4000公尺海拔的天光、雲霧展現，達到百分之百完美。

萬老師一再強調：「態度很重要！對我來說，每一次出手，都是代表作！」所以，他盡全力蒐集資料、研讀文獻、現場田調、與團隊討論，一路走來，不怕被磨被要求，只要能修改的，他都堅持做到最完美。

每一次創作，他都視為在「創造歷史」，這次能夠參與亞州數一數二的鐵道模型製作團隊，不僅是挑戰，更為創作生命添上一筆珍貴紀錄，「為自己做，更為歷史紀錄而留！」

劇場式燈光展演
燈光和聲音本就是一種故事

葉子撰文／受訪者：展示設計製作團隊─自光體室內裝修設計有限公司

　　每一次接案，自光體製作團隊都期待能夠嘗試新挑戰，藉由完成專案過程，團隊不斷找資料、閱讀與討論，將所學真正落實於展場設計。此次爭取「「哈瑪星台灣鐵道館」」專案的初心也基於此。

　　雖然一切都是從無到有，從對鐵道與火車領域知識幾乎陌生，到最後無書不看，進而不眠不休製作出幾乎擬真的蒸汽機車模型。自光體開心地說：「再一次成功挑戰自我，也為台灣博物館展出寫下歷史！」

　　此次最大的成就，莫過於首次嘗試在鐵道館展區採用劇場式全天候動態燈光展演。相較過往大小鐵道模型展，從未在燈光設計如此講究，尤其配合日升日落、天光星空轉移動態場控，觀者在遊逛之間，不僅見識各類精緻模型表現，更能深刻體會聲光效果幻化，短短一段旅程，即能藉由聲光設計，親眼目睹阿里山日出、西子灣知名的落日夕陽，近距離聆享大自然精彩奇幻。

　　製作團隊認為「聲音本就是一種說故事的形式」，為此特別與台灣優秀的聲音記錄專家合作，剪輯或親至多處台灣各地採集收音，例如平溪的那卡西樂團演奏、農村的雞鳴、奮起湖的便當叫賣聲等，活靈活現，帶領觀者彷彿親臨經典地景，親身感受常民生活豐富多元。

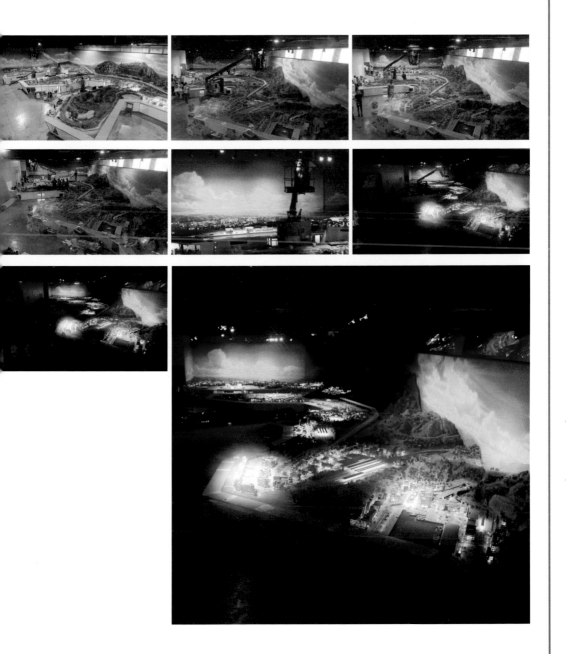

國家圖書館出版品預行編目資料

哈瑪星台灣鐵道館：／謝明勳・童振疆・古庭維等撰文
　初版. -- 臺中市：晨星，2016.12
　　面；　公分. --（圖解台灣；015）

ISBN　978-986-443-204-2
1.鐵路史 2.台灣
557.26339　　　　　　105020075

圖解台灣　015

哈瑪星台灣鐵道館：台灣百年鐵道縮影

撰文	謝明勳・童振疆・古庭維等
諮詢委員	謝明勳
指導單位	高雄市政府文化局
策畫單位	高雄市立歷史博物館
總策畫	楊仙妃
策畫督導	曾宏民
策畫執行	陳又淳•林慧芬
主編	徐惠雅
美術編輯	林恒如
封面設計	黃聖文
合作出版	高雄市立歷史博物館與晨星出版有限公司
發行人	陳銘民
發行所	晨星出版有限公司
	台中市407工業區30路1號
	TEL: 04-23595820　FAX：04-23550581
	E-mail:service@morningstar.com.tw
	http://www.morningstar.com.tw
	行政院新聞局局版台業字第2500號
法律顧問	陳思成律師
初　　版	西元2016年12月10日
郵政劃撥	22326758（晨星出版有限公司）
讀者專線	04-23595819#230

定價　**480**元

ISBN 978-986-443-204-2
GPN 1010502402
Published by Morning Star Publishing Inc.
Printed in Taiwan
版權所有 翻印必究
（如有缺頁或破損，請寄回更換）

回函好禮送！

凡填妥問卷後寄回晨星，並隨附70元郵票（工本費），馬上送《植物遊樂園》限量好書

發現植物觀察的奧祕
和玩樂植物世界的樂趣
在遊戲中輕鬆學習植物知識
易懂易學的植物觀察與利用訣竅
300餘幅植物生態手繪記錄圖

圖解台灣
TAIWAN

圖解台灣
TAIWAN